未讀
Un<sup>B</sup>ead | 生活家
未读之书，未经之旅

安静
一样
和这本书

[英]
迈克尔·阿克顿·史密斯

著

张佩

译

Calm

北京联合出版公司
Beijing United Publishing Co.,Ltd.

**图书在版编目（CIP）数据**

和这本书一样安静 /（英）迈克尔·阿克顿·史密斯
著；张佩译. — 北京：北京联合出版公司，2016.7
ISBN 978-7-5502-7900-1

Ⅰ.①和… Ⅱ.①迈… ②张… Ⅲ.①生活方式一通
俗读物 Ⅳ.①C913.3-49

中国版本图书馆CIP数据核字(2016)第129352号

北京市版权局著作权合同登记 图字：01-2016-3570

未讀 生活家　　关注未读好书

和这本书一样安静
Calm

作　者：〔英〕迈克尔·阿克顿·史密斯
译　者：张　佩
出品人：唐学雷
策　划：联合天际
特约编辑：李若杨
责任编辑：李　伟　刘　凯
美术编辑：王颖会
装帧设计：@broussaille私制

北京联合出版公司出版
（北京市西城区德外大街83号楼9层　100088）
北京联兴盛业印刷股份有限公司印刷　新华书店经销
字数100千字　889毫米×1300毫米　1/32　7印张
2016年8月第1版　2016年8月第1次印刷
ISBN 978-7-5502-7900-1
定价：68.00元

# Calm

Calm the mind. Change the world

Michael Acton Smith

## 把心静下来

我们都需要那种能让自己在上班途中遭遇堵车时仍旧心平气和的心态——
CALM。这种心态能让我们在面对家人和同事的非难时，积极地去应对，而非
跟他们争吵。这种心态能让我们不念过去、不畏将来，在夜晚睡个好觉。要是
我们总能拥有这种心态，该多好啊！事实上，我们在日常生活中，特别是置身
于混乱无序之中时，要想达到这种心境，很难。

为什么呢？对大多数的现代人来说，我们在此刻所感受到的压力和焦虑比之前
任何时候都要严重。我们每天都在跟时间赛跑。我们离不开数码设备，感觉总
是有处理不完的事情，神经高度紧张。我们执着于"接下来会怎样"，以至于
经常对发生在眼前的事情视而不见。我们精疲力竭倒在床上时，总是盼望周末
能早点到来；而当周末真的到来的时候，我们不是在为自己的失误后悔不迭，
就是在忧心忡忡下一步该做什么。我们身体中充斥着皮质醇，这种应激激素会
引起各种问题，比如造成肌肉紧张，让我们感到筋疲力尽。依当前的数据来看，
去看医生的病人当中，超过 70% 的问题是由压力引起的。

那么，该怎么解决？

## 心静了，世界就静了

正念（mindfulness）是平和心境的基石。它能让我们每天从苏醒那刻起就开
始全身心地投入到当天的生活中；它能帮助我们形成智慧，摆脱惯性的影响；
它能教会我们在对待他人和外在的事情时积极回应，而不是按照惯性被动应对；
它能让我们察觉内心深处的真实想法，感受到身体内部的细微变化。

正念训练并不是让我们脱离意识或者不问世事。你既不需要逃到喜马拉雅山脉深处的静修所，也不需要变成一名禅师，方能挖掘其中精髓。正念训练的目的在于强化我们日常生活中的意识，让我们改变习惯性的回应模式，从而能够冷静清晰地思考。正念训练的不可思议之处在于，它能够彻底改变你的人生视角。正念让你专注于此时此刻，让你正视自己的情感、想法和身体的感受，并接受它。著名正念老师乔·卡巴金（Jon Kabat-Zinn）将其称为"关注……此时此刻，不加评断"。

正念跟锻炼身体和外语学习一样，需要训练。正念作为一种技能，逐渐变成了一种生活方式。一所权威科学机构的研究显示，正念确实能带来好处。西方世界正掀起一股"安静运动"（calm movement）的热潮，医生和心理学家越来越多地推广正念训练，用来替代一些传统的药物疗法。学校正在开设正念的课程，因为研究显示，相比而言，经常冥想的孩子更加专注、更富有同情心，而且情商更高。一些公司，像谷歌、苹果以及华马威，已经把正念融入公司哲学之中。

来自世界各地的独立研究者们对正念进行了众多研究，我们对正念这门科学的认识也在不断增长。关于正念及其疗效，有大量的科学数据可以作为支撑。

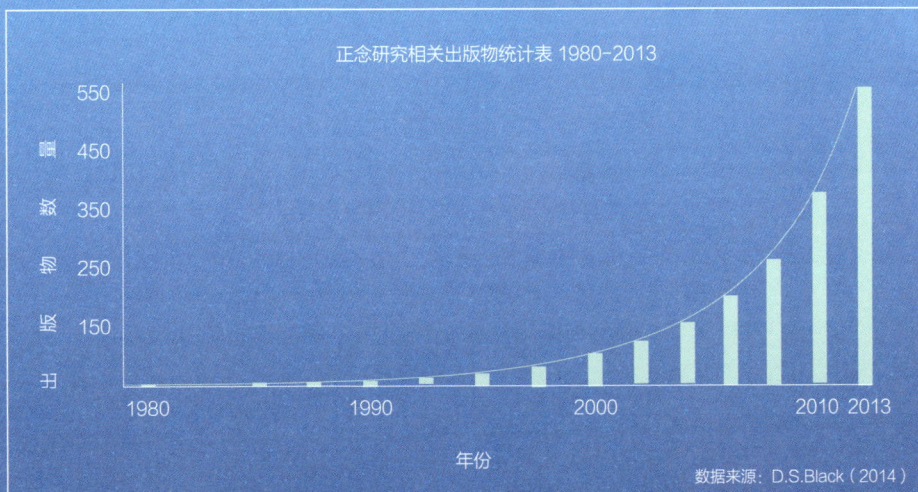

正念研究相关出版物统计表 1980-2013

出版物数量

| | | |
|---|---|---|
| 550 | | |
| 450 | | |
| 350 | | |
| 250 | | |
| 150 | | |

1980　1990　2000　2010 2013

年份

数据来源：D.S.Black（2014）

## 静下来，感受各种不同

研究已证实，正念能够提高生产效率，让人获得更大的工作满足感，还能提高解决问题的能力。2012 年，美国医疗保健行业为 49000 位工作人员引进了正念和瑜伽项目。与此同时，杜克大学的科学家们对这个项目所产生的效果进行了研究。他们发现，不仅医疗保健成本消耗下降了 7 个百分点，员工的生产效率也得到了提高，相当于每天多出了 65 分钟。欧洲工商管理学院（INSEAD Business School）也得出了类似的研究结果：每天花 15 分钟用来进行正念冥想，理性思维能力和商业决断能力会相应加强。除此之外，正念还能提高创造力、专注力和深入思考的能力。

## 你的身心都会更健康

正念训练不仅能降低血压、缓解慢性疼痛、改善睡眠、调整食欲、改善心血管和呼吸道健康状况、强化免疫系统，还能降低体内有害的"压力"荷尔蒙，比如皮质醇的水平，减缓年龄造成的大脑某些方面的衰退。因此，定期进行正念训练的员工比其他员工请假天数要少，就不足为奇了。

近期的研究表明，借助冥想和正念而进行的静心训练，在治疗抑郁和焦虑方面，能产生和以药物为基础的治疗方法同样的效果。连续 5 天每天冥想 20 分钟的中国学生，较那些从不冥想的学生，更少经历焦虑、抑郁、愤怒等不良情绪。正念还能改善人际关系、增加同情心、让人们感到更幸福。

2005 年，一项美国研究发现，定期进行正念冥想的人，大脑发生了物理变化。研究员发现，长期冥想者大脑中与注意力和感觉处理相关的部分，较不冥想的人更发达。

LESS STRESS

TAMING THE INNER CRITIC

DEEPER SLEEP

MORE ENERGY

GREATER COMPASSION

ENHANCED CREATIVITY

SHARPER FOCUS

HAPPIER OUTLOOK

BETTER RELATIONSHIPS

STRONGER IMMUNE SYSTEM

LOWER BLOOD PRESSURE

Calm

## 如何冥想

刚开始进行冥想训练，要先选择好特定时间和地点。早晨大脑清晰，是理想的冥想时间，而且还能为接下来的一天奠定基调。

对于初学者，最好先进行 10 分钟一次的训练。久而久之，当更适应这种训练时，你就可以把时间延长到 15 分钟、20 分钟。经常进行短小的训练要比偶尔进行一次长时间的训练要好。

找一个安静不会被打扰的地方坐下。直起背，让自己处于一种舒服的姿态，然后闭上眼睛。将双手轻轻地放在膝盖上，或者手指弯曲放在大腿上。

让你的身体放松下来，好好休息，放缓呼吸。关注你的呼吸，感受气流进出你的身体。专注于你的腹部在一呼一吸间的起伏。

保持自然的呼吸节奏——不要试图改变你的呼吸节奏，注意到它就行了。留心吸气的开始以及转入呼气的地方。

思绪浮现时，给予注意，然后随它消解。总是让专注点回到呼吸上。

大脑放松下来后，你可以延展自己的意识，开始留意你的整个身体，关注你的感觉。不要对你所感受到的东西评头论足，去察觉正在发生的事情就好了。不要试图改变正在发生的事情，你只用去观察事情的本貌。

你会发现，你的思想飘着飘着，时不时会落到烦恼上，或者是落在让你分神的事情上，抑或是降落在回忆或者憧憬上。这就是思想的本质。当你意识到自己走神了，不要责怪自己，慢慢把关注点拉回到呼吸上。你可能不得不周而复始地这样做，没关系的。只要不断把注意力拉回到呼吸上就行。每时每刻，一呼一吸。

## 如何使用此书

这本小书分为八个板块——自然、睡眠、旅行、关系、工作、孩子、创造力和食物——但你并不需要按顺序从前往后读。你可以随便翻阅，尝试喜欢的练习，或者在觉得"压力山大"时，草草翻上一遍。我们设计这本书，就是为了给你灵感，让你形成日常的静心习惯。这些习惯会让你更留心生活——让你停下来，去体会周遭的愉悦和美好，让你努力活在当下。我们想激励你进行日常的静心训练，包括每天冥想，每天写日志。这两种练习能真正帮助你找寻一种更宁静的生活。

## 如何写日志

为了让你的生活更平和，我们建议你记日志——最好每天记一篇。写作是终止胡思乱想的绝佳办法，它还能作为一种治愈的过程，凸显事情的本质，帮你认清自己的所忧所患以及面临的挑战。

研究显示，记日记能缓解压力，增强自尊心，帮助我们更好地处理创伤性经历。更让人意外的是，记日记还能使我们的生理健康受益。得克萨斯大学的心理学家詹姆斯·彭尼贝克（James Pennebaker）研究了写作和免疫力之间的联系，他发现记日志能强化免疫细胞。用写作来结束忙乱的一天能产生治愈效果。写作是将大脑清空，预备新的一天到来的好办法。

而且，等到将来，你的日记会成为一样奇妙的东西。我们现在所能想到的伟大的日记作者，像塞缪尔·皮普斯（Samuel Pepys）、弗吉尼亚·伍尔夫（Virginia Woolf）、阿兰·本奈特（Alan Bennett）和托尼·本（Tony Benn），他们的作品的吸引人之处就在于及时性——当我们阅读这些作品时，我们被瞬间运送到他们所写的时间和地点。这也是你所记日记的可贵之处。

空白的日记页面贯穿本书，我们希望你能努力填满它们。我们建议你每天回答三个关键问题（见右页：今天什么让你心绪平和？ 今天什么让你充满感激？ 今天的三个亮点是什么？）。如果你不想用书里的这些页面，那就买个记事本，放在床头。

## WHAT MADE YOU FEEL CALM TODAY?

------------------------------------

------------------------------------

## WHAT ARE YOU GRATEFUL FOR?

------------------------------------

------------------------------------

------------------------------------

## WHAT WERE THREE HIGHLIGHTS OF TODAY?

1. ----------------------------------

2. ----------------------------------

3. ----------------------------------

# CALM 手机软件

这本书可以和 CALM 手机软件一起使用，或者你可以访问我们的网页 www.calm.com。有规律地进行冥想，益处最大，所以我们设计这款手机软件，帮助人们在日常生活中养成这种习惯。这款软件提供简单的引导式冥想，配有安谧的图片和舒缓的音乐，既宁静又有趣。单凭自己每天进行冥想训练是有难度的，引导冥想工具则能带来很大帮助。

跟其他改变一样，正念练习需要投入时间。不过，很快你就会发现：对生活的关注更多，生活就会变得更具乐趣和意义。

一定要告诉我们你的体验和进步！发推特给我们 @calmdotcom，或者通过 Facebook 或 Instagram 找到我们，然后加入我们的 CALM 群，你可以分享你的经历或者向大家提问。我们盼望你的回应。

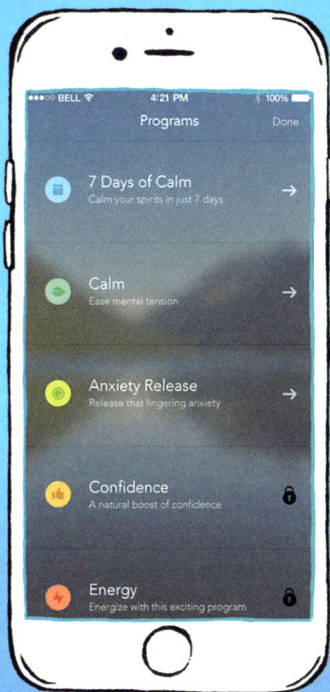
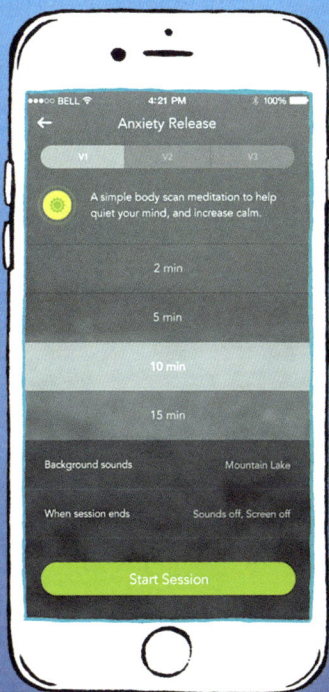

## 心静，其实是一种超能力

>

我一直喜欢鼓捣新点子、新产品、新公司。我最奇特也最成功的创造就是 Moshi Monsters，它源于咖啡馆里的一张涂鸦，现在已经是一个拥有 800 万用户的网络世界，而且已经衍生出了杂志、玩具、书籍、音乐，甚至还拍成了一部电影。这是段奇妙的经历。

创业者的生活充满趣味，但也可能杂乱无序、无眠无休、异常紧张。我总是处于绷紧的状态，因为错失机会而懊恼，对将来忧心忡忡。我会因为担心错过重要的事情而放弃休假，也时刻离不开手机，经常在睡觉之前急匆匆敲出最后一封邮件。

我逐渐被这些压力和紧张感侵蚀，直到 2014 年夏天，接近崩溃。我总是觉得很累，经常头痛，工作曾经带来的快感逐渐变成一种隐痛。我迫切需要停下来，后退一步。我为自己安排了人生中首次独自休假，然后前往奥地利山区一个幽静的小旅馆。数年来我第一次有机会能喘口气。我感觉自己此前一直处在一台不停转动的洗衣机中，现在终于停下来。我开始长跑，打网球，大量阅读有关正念的书籍——一个我经常听到的话题。

我在这次旅行之前已经对正念颇感兴趣，只是总是很忙，没机会试一试。跟很多人一样，我觉得正念既神秘又显得"神神叨叨"，所以一直没开始练习。但是最大的问题在于，我根本不能停止胡思乱想。我一坐下，闭上眼睛，大脑就开始高速运转，各种念头交杂在一起，喧闹不已。我以为只有我存在这样的问题，但是好像几乎每个人内心都有个永不停歇的声音。

引导冥想对我帮助很大。随着我练习的次数增多，我内心的声音也逐渐被驯服。我开始觉察到坚强、专注、平和的心境所带来的诸多益处。我们花大量的时间锻炼来强健体魄，却很少有人肯花时间来驯养我们的心灵，这听起来有些不可思议。难怪这世上有那么多人闷闷不乐、紧张焦虑。

我感觉自己好像不经意间获得了一种神秘的力量。正念练习在东方有着数千年的历史，但它直到最近才被西方主流文化所接受。正念背后的科学让我着迷，使我觉得我们正处于一场激动人心的静心革命的风口浪尖上。

等回到伦敦重新开始工作时，我恢复了朝气。我精神饱满，准备好投入到任何一种工作任务中去。我当时在新兴科技公司工作，竞争十分激烈；我很担忧，在这种环境下，我刚开始的正念练习会不会对我不利。但事实正好相反——我的专注力变得更强，精力也更加充沛，并且重新对工作产生了热情。

抽离开来，平静心绪后，我充分体会到了心静的力量。

心静并不等于遁世绝俗。它是一种超能力，能够重塑我们的大脑，改变我们对世界的看法，帮助我们释放真正的潜能。

迈克尔·阿克顿·史密斯
CALM 创始人之一

*Michael*

## 将冥想带给全世界

> 我从少年时代开始就对大脑产生了兴趣，特别想知道怎样才能提升大脑。我尝试了不同方式来提高自己的记忆力，生成新的想法，集中注意力。这些方法中，有些效果不错，另一些收效甚微。之后，我发现了一个比之前那些办法好上数倍的技巧——正念冥想。

我发现，和锻炼身体一个道理，花时间平和心境也会产生诸多益处。跟冥想相关的书籍和 CD 迅速挤满我的书架。随着每日的训练，很快我便感到更加平和、更加专注，也更加幸福。

很明显，正念冥想是有实在好处的。然后，我脑中冒出一个点子：我可以创建一个网站，帮助人们进行冥想。访问网站要比买 CD 简单多了。我建了一个简易原型，但因为资金不足，没等问世，就搁置在一边了。

不久后，我的生活发生了天翻地覆的变化。我边读大学，边开创一个名为"百万美元首页"（The Million Dollar Homepage）的网站，不为别的，只为赚得 100 万美元。这个荒唐想法竟然成功了。我成了所谓的网络名人，世界各地的媒体变得狂热起来。我每天接受 30 个采访，还要学习、准备考试、管理团队，于是我请了朋友过来帮忙。

那段时间，我的生活像是刮起了一阵旋风，异常刺激，但是一件至关重要的事情却被停了下来——冥想。大学学习和网站的成功让我忙得焦头烂额，再也没有时间来平和心绪了，而当时的我恰恰最需要那样做。

没过多久，我便被压垮了，变得很不开心。当时我并没有公开提及过这个问题。一个孩子一夜之间赚得百万美元，却变得抑郁了，谁愿意去听这样的故事呢？我不想让别人觉得我不知感恩。我并非如此。

*Alex*

当我回到正轨之后，我又进行了一次次新的创业，有些成功，有些失败，结果各有不同。我获得了一些关于创业和生活的宝贵经验。这些创业具备一个共同特征，那就是每次都会带来巨大的压力。很明显，我需要更好地照料自己的心境。

我重新开始规律性冥想，加入了一个朋友在洛杉矶开办的公司。总体来说，我将自己从操持事业的压力里抽离了出来。在此过程中，我意识到了正念的重要性。不仅对我而言是这样，对任何人都如此。如今，世界变化越来越快，我们也越来越忙。很多人因此劳累过度，承受巨大压力。经历创业中那些起起伏伏后，我十分了解压力对身心所能造成的损害。

就这样，我绕了一圈，回到起点。恰好是时候回到最初那个想法——借用网络的神奇力量，将冥想带给全世界。2012 年，我和好友迈克尔·阿克顿·史密斯联手开创了 CALM 软件。

我们想要利用正念冥想来帮助这个世界累积平和、消除压力。对于这个使命，我十分兴奋。这个方法已经在我身上产生效果了。"

亚历克斯·图
CALM 创始人之一

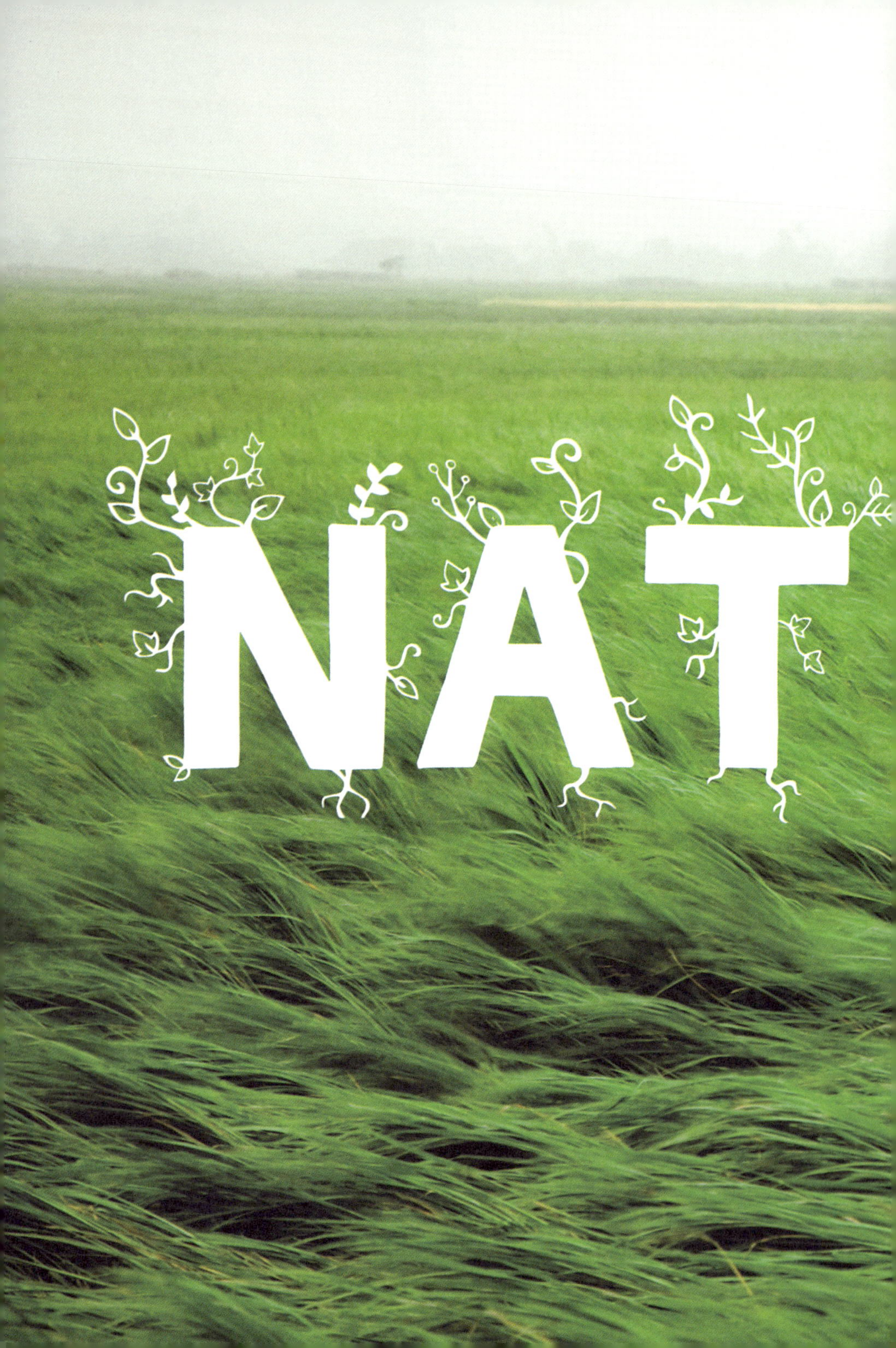
NAT

URE

自然

# 亲近自然
# 是获得宁静的
# 捷径

—

亲近自然是获得宁静的捷径。这是一个无须多做解释的真理。不论是在丛林树冠下漫步时，倾听着头顶雨滴落在树叶上的柔和、富有节奏感的声音，还是在登上湖畔山丘后，感受着新鲜空气洗涤你的双肺，或是坐在海边注视着海与天相接之处，你都能很快到达一种平和的心境。

英语中"自然"（nature）一词源于拉丁语 natura，跟拉丁语中表意"诞生"（to be born）的词是同根词，也等义于古希腊语中的"自然生长"（phusis）。

亚里士多德将世界划分为自然世界和虚假世界，"虚假"在于人力的作用。虽然后来的哲学家质疑这种划分方法，但这种划分却合乎常识。现代生活的建立得益于这种虚假，也充斥着这种虚假。人力作用将我们与自然世界隔离，保证我们在冬天保持饱暖，帮助我们欺骗时间，让我们能够在同一时间做几样事情。这些当然很棒，但是这也意味着我们生活的世界比以往任何时候都疏远了大自然。

## 自然世界
## 是众多精神传统的
## 核心

—

自然世界是众多精神传统的核心，比如美洲原住民信仰地球母亲这一"大神"，挪威神话中有"世界之树"之说，佛教运用莲花作为象征。自然世界不断更迭，周而复始，不仅提醒我们自己并没有那么重要，而且也昭示了一个亘古不变的真理。自然世界是无情的，它不为人类时间所改变。与此同时，自然世界又是构成我们生命的关键部分。隔绝自然时，我们就失去了我们自己的根本。

浪漫主义诗人大概是我们最熟悉的自然治愈之力的阐释者。他们信奉"美丽即真实，真实即美丽"。在他们看来，欣赏大自然是现代生活的一剂强大的解药。

华兹华斯忆起怀河谷，写道：

虽已久别，

我对这些美好的形体

从来不曾忘怀，

不是如盲人看不到美景；

而是每当我孤居喧闹的城市，

寂寞而疲惫的时候，

它们带来甜蜜的感觉……

这是一种让人心安的情感，似乎让大自然的治愈力更加容易获取。如果冥想大自然、回忆一处动人的景色或者逛会儿公园能帮助我们用到大自然的治愈力量，那么只要我们愿意，随时随地都能使用这种力量。

科学和艺术一样，让我们相信大自然的力量。研究显示，亲近大自然对身心的健康都大有益处。医院里病床上的病人如果能看到窗外的绿色风景，就会康复得更快。一项研究关注了位于芝加哥的一个拥挤贫困的住宅区，在引入绿地后，该住宅区的暴力行为减少了，犯罪率也下降了，居民的自制力和精神健康也有明显提高。喜欢户外活动的孩子们跟那些不出门的孩子相比，心绪要更平和些，也更开心、更健康。

轻轻一碰大自然，整个世界就亲昵起来。

莎士比亚

"EVERYONE SHOULD HAVE SHOULD HAVE THEMSELVES

# REGULARLY OVERWHELMED BY NATURE

*GEORGE HARRISON*

## 做朵压花

还记得你上次出于对完美的敬意、想要将其保存，而去摘一朵鲜花，是什么时候吗？

人类制作压花的历史可以追溯到史前。这也不足为奇，没有什么比含苞待放的过程更奇妙、更充满希望的了。木质压花器由蝶形螺母，还有一层层的硬纸板和纸张构成，现如今它对小朋友的吸引力之强不亚于数百年前，那么对于成年人来说又有何不可呢？

一朵干花的魅力跟刚摘的鲜花那种倏然而逝的光彩不同，经过精心的压制保存，花朵会焕发出新的生命。这是一种迟缓的愉悦，需要耐心才行（过早打开压花器，花朵会碎掉）。等花朵干透，花瓣脱色，花朵色泽古旧，呈现出一种新的魅力，这样保存在纸张中的便是你的私人珍宝。

There is nothing to save, now all is lost,
but a tiny core of stillness in the heart
like the eye of a violet.

D. H. Lawrence

没什么值得留的，一切都已失去
唯有心中的一丁点儿宁静
像紫罗兰眸子般的花心

D.H. 劳伦斯

## 自然冥想

找到一个安静、不会被打扰的地方坐下，就可以开始了。深呼吸几次，让大脑放松。

稳坐在地上，感受你身体下面的土地。想象自己在一片原野上，或者一处森林中，身边的大树枝干粗壮，叶子繁盛。嗅一嗅洁净空气中泥土的芬芳，听一听风吹过树叶发出的沙沙声，留神枝叶深处是否有鸟鸣声或者其他小动物发出的声音。

试着看到这棵大树的树叶、树枝和树干，然后想象自己正在伸手触摸树干，感受它的质地。

注意这棵大树洒下的树荫，它所提供的木材，它是如何净化空气的，感受它的美。

感受这棵大树正作为一个活生生的有机体存在着。想象它用庞杂的根部系统来饮取水分。想象它的枝干在伸长、在延展，想象它的树叶朝向阳光舒展开来。

# 读些诗歌

一

很明显可以从浪漫主义诗人开始，不过无以计数的诗人都从自然中获得过灵感。专注于一首精妙的小诗，只消片刻，你便能察觉到周遭的美丽。诗歌能让人产生强烈的共鸣。华兹华斯曾经说过，诗歌"取自记忆中的安宁之感"，这也许在某种程度上解释了为什么诗歌时常给我们一种独特的平和感。

你可以尝试阅读以下诗人的作品：

安妮·勃朗特，伊丽莎白·巴雷特·勃朗宁，

艾米丽·狄金森，卡罗尔·安·达菲，

罗伯特·弗罗斯特，托马斯·哈代，

谢默斯·希尼，特德·休斯，

玛丽·奥利弗，珀西·比希·雪莱，

威廉·莎士比亚，

琼·史派克兰德，威廉·华兹华斯，

W.B. 叶芝。

# 'All nature has a feeling;'
## by John Clare

### 自然万物皆有灵

约翰·克莱尔

自然万物皆有灵：森林、田野、溪流
皆是永恒之生命；它们无声地
诉说着书本无法企及的快乐；
他们生生不息；腐烂
是绿色生命的蜕变；逝去，
又郁郁葱葱地归来。
它源自上天，永恒不灭，
在昼与夜的交替中
与日月同辉，与昊天同在。

What is it about tree houses that makes them so special and magical?

是什么让树屋如此特别、如此神奇？
也许是因为那份独有的宁静，倾听树叶的轻吟细语声；也
许仅仅是树屋让我们想起青春、逃离和自由。为什么不试
试在下一页设计出属于自己的树屋呢？设想钱不是问题，
让你的想象力恣意绽放吧！

# My tree house

我的树屋

# 光脚行走

一

把鞋脱掉，扭动脚趾，释放你的双脚：作为肢体传送带，双脚大部分时候都被囚禁在厚重的鞋袜中，不被重视。现在，仔细感觉你的脚底板正在苏醒过来。理想状态是，光脚去一个能让你的脚底感受到青草、泥土或者沙子的地方，可以是布满淤泥的河岸，铺着鹅卵石的海边，或者青苔丛生的背阴小路。"无鞋"体验能够给人一种释放、轻松的感觉，裸足跑步和行走爱好者对这种感觉十分称颂。要想恢复与大地的联系，或是重新获得一种有根的感觉，没有比这种办法更简单的了。就算不能出门，也勇敢点，将鞋带解开吧。

# 安神的香气

—

1. 老话说**迷迭香**能帮助记忆，确实有几分道理。2013 年，一项英国研究发现，香气对认知记忆的提高能达到 75%。一项日本的研究发现，草本植物的香气能显著降低皮质醇水平。不妨在考试或讲演前试试。

2. **茉莉花**具有很强的帮助放松效果。一项研究中发现，老鼠在笼子中被注入茉莉花香气后，会停止一切活动，只安安静静地"坐"在那里。

3. 研究显示**薰衣草**有助眠的效果。不妨在你的枕头上撒一些。

4. **柑橘类水果**散发的香气有抗压效果。美国梅约诊所（Mayo Clinic）的研究员让志愿者吸入数种用于芳香诊疗的香气，发现柠檬的气味产生了一种宁神的效果。这项研究还发现，柠檬香气能增强专注力。不妨在手提包里放瓶柠檬精油，开会前滴在脉搏处。

5. **檀香**有镇静的效果，被用来缓解抑郁和焦虑的情绪。它还是佛教寺庙中所焚香烛的传统气味。在做正念冥想练习时，不妨使用檀香来增强安宁感。

6. 多项研究发现，**薄荷油**和茶都有很强的安抚肠胃效果。呼吸薄荷的香气对放松也有很大帮助。

Smell can bring you back to a moment in time

气味能带你穿梭到过去……

*Rosemary*

迷迭香

*Jasmine*

茉莉花

薰衣草

*Lavender*

*Orange* 橙

甘菊

用甘菊来安神已有数千年的历史。
许多研究皆证实甘菊的花朵有安神之效，属于最佳的睡前饮品。
上床前，不妨泡杯甘菊茶。

PANTONE 313

PANTONE 312

PANTONE 311

PANTONE 310

PANTONE 3125

PANTONE 3115

PANTONE 3105

PANTONE 2975

PANTONE 2965

PANTONE 2955

PANTONE 3278

PANTONE 3268

PANTONE 3258

PANTONE 3248

# 审视大海的颜色

—

一百多年来，海洋研究者一直使用福莱尔乌勒体系来区分大海的颜色。该方法通过将海洋水色和一系列装有颜色些微不同液体的小玻璃瓶进行比较，获取大量不可思议的定性信息，从而实现对海水色彩的分类。

由于受到各类因素影响，海洋所能呈现出的颜色种类繁多，让人惊叹。乌云密布时，海水一般呈现出深灰色；正午的阳光照耀下，海面闪闪发光；当太阳沉入地平线时，海水颜色逐渐加深，直至变成黑色。平静的海面受到阳光照射，也会呈现出不同的颜色，这取决于观赏者的位置。从沙滩上看过去，太阳的光线受到海水光滑的表面反射，产生一种银光闪闪的镜面效果。可是，如果从上往下看，比如站在高崖上，或是从灯塔上望过去，光线会穿过海平面，扩散开来，暴露出大海深处的蓝绿色。如果有浪，效果又不同了，因为透过波浪和水雾是可以见到光的。

临近海岸的水域通常更绿，因为这里的藻类和叶绿素微生物形成了一个繁杂的生态系统，改变了海水的颜色。海藻数量的季节性变化会造成重大改变，这种现象被称作"大量繁殖"。当天气温暖，海水平静，藻类繁殖比平时更加迅速，海面可能会因此绿中泛白，抑或变成棕红的泥土色。

康沃尔海岸水域的颜色特别多变，康沃尔语逐渐使用具体的单词来描述这种现象：

glas- 蓝色或蓝绿色

arhans- 银色

gwerwyn- 浅绿色

dulas- 深绿色

cowsherny- 橄榄绿色的海，特别适合捕鱼

The sea is calm tonight.

The tide is full, the moo

Upon the straits; on the

Gleams and is gone; the

Glimmering and vast, ou

今夜大海宁静，潮水正满，月色皎洁。多佛海岸，灯光闪烁夜色中。
英伦绝壁矗立，横卧港湾，宁静里。

马修·阿诺德《多佛海岸》

lies fair

French coast the light

cliffs of England stand,

in the tranquil bay.

'Dover Beach', by Matthew Arnold

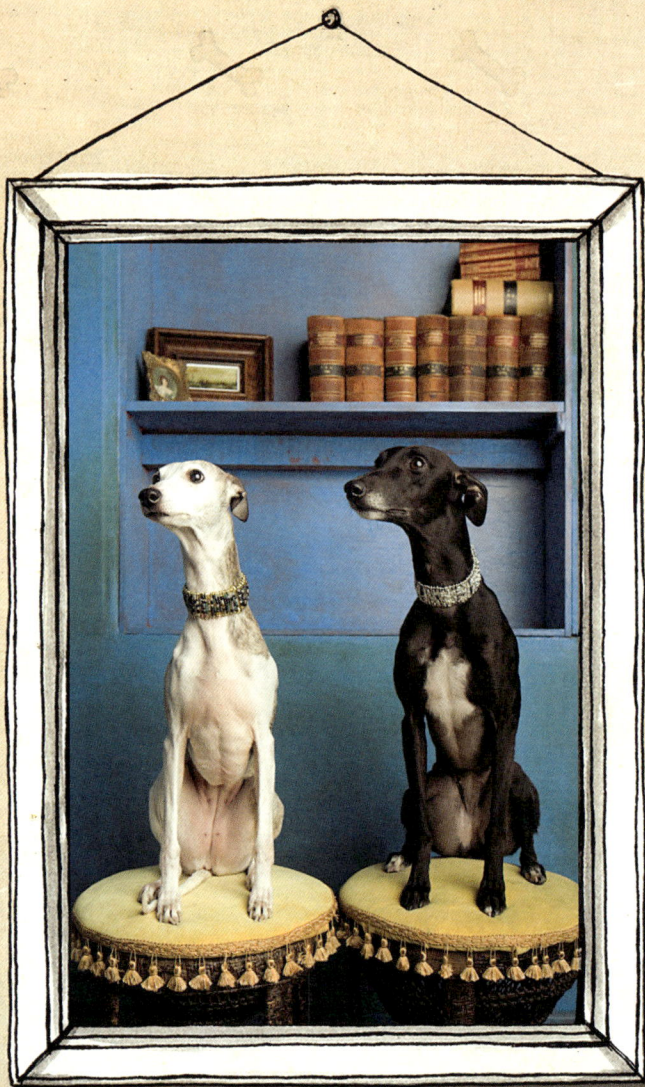

# 借条狗

一

狗被称作人类最好的朋友，这是有道理的。与温顺的犬类相伴，能让人变得更加平和。

在美国加州大学洛杉矶分校的一项研究中，研究者分别让人类志愿者和犬类每周短时间陪伴心脏病患者，并分析其效果。结果他们发现，有犬类陪伴的病人的焦虑指数下降了24%，而人类志愿者看望的病人只下降了10%。具体地说，那些由狗看望的病人的应激激素肾上腺素水平下降程度惊人，达到17%，而被人类志愿者探望的病人只下降了2%。

# 看云

一

稍停片刻，抬头。当你感到囿于生活时，凝视一会儿云彩总是对平和心绪有帮助的。

抬头看天蕴含一种童趣。将你所在的地面上的形形状状（近旁的一顶高帽，或是远处的一架雪橇）投射到大自然的终极巨幕上，是一种幻想涂鸦的方式。借助这种方式，你能开启自我的可能性，为平常的一天增添些奇思妙想，认清自己在世界上的位置。

你上次仰卧在地，观望云彩是什么时候？你能看清楚飘过去的是什么吗？

# Two Wolves

## a cherokee proverb

### 两匹狼

#### 一个彻罗基族传说

一个彻罗基族人告诉他的孙子：
孩子，我们心中都有两匹狼在厮杀。

一匹是恶狼。
它是愤怒、艳羡、忌妒、悲痛、
遗憾、贪婪、傲慢、自怜、
内疚、怨恨、自卑、谎言、
虚荣、自大和自我。

一匹是好狼。
它是喜悦、平和、爱、希望、安宁、
谦卑、善良、仁慈、
慷慨、同情和真实。

孙子想了想，
然后向祖父问道：

哪匹狼赢了？

这个年迈的彻罗基族人这么回答……

the one
You Feed

你喂养的那匹。

# DATE

# WHAT MADE YOU FEEL CALM TODAY?

# WHAT ARE YOU GRATEFUL FOR?

# WHAT WERE THREE HIGHLIGHTS OF TODAY?

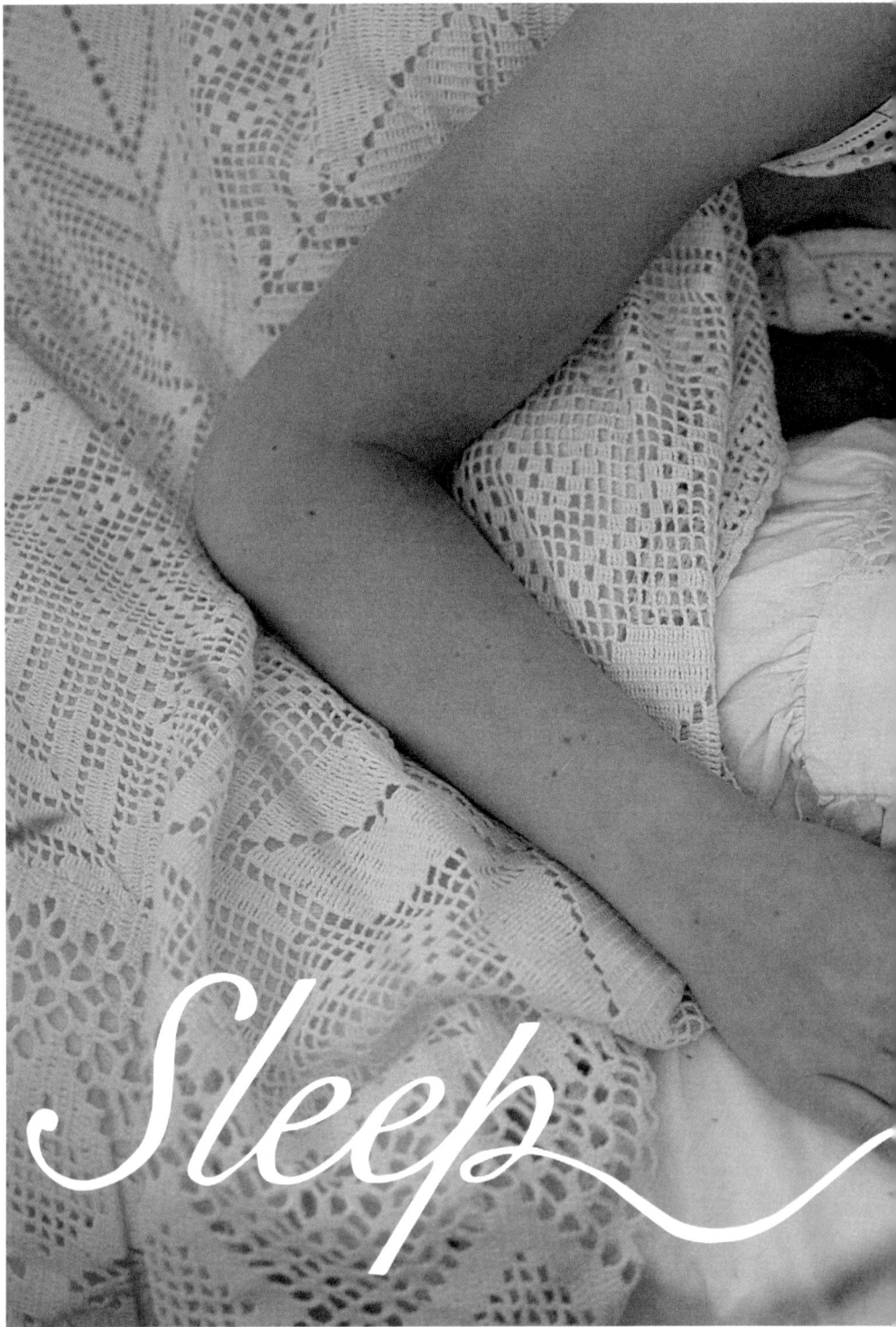

Sleep

睡眠

*To sleep:*
*perchance*
*to dream...*

*William*
*Shakespeare*

睡着了，也许还会做梦……

威廉·莎士比亚

如果有人送你一颗安神静气、补充精力的药丸，而且没有任何副作用，你会很开心地收下吧？但是，如果那人告诉你，这颗药丸还能帮你抵抗抑郁、减小腰围、调节荷尔蒙、增强免疫力……你应该会怀疑他是卖假药的。

然而……睡眠确实有以上所有效果，甚至更多。但总是有新出的一集电视剧等你去看，总有最后一分钟冒出来的邮件等你去回复，总有洗好的衣服要整理。睡眠总是靠边站。也许部分原因在于，很多人都觉得有更重要的事情要做。这种感觉在我们心中根深蒂固，大概是青少年时代的残留物。你觉得之后总是能"补回来"的——然而，你并不能。

我们总是拒绝优先满足身体的基本需求，这样做的后果是，很多人的一生因身心得不到休息而屡受阻碍。睡眠不足会导致情感迟缓、易怒。缺乏睡眠的人会更多地抱怨感到心力不足、很难维持健康体重。美国的一项大规模研究发现，每晚睡 5 小时的女性比每晚睡 7 小时的女性患肥胖症的概率要高出 15%。

除此之外，睡眠不足的人要比睡眠充足的人反应慢。睡眠缺乏会让大脑和皮肤老化。过于疲劳时，很多人想保持体力，让头脑清晰，但根本办不到。因为不管你灌下多少瓶气泡维生素 B 饮料，或者喝下多少杯浓咖啡，缺乏的东西还是缺乏。更加糟糕的是，我们用来填补匮乏的东西，如糖、咖啡因、嘈杂的音乐、明亮的灯光，只会让问题恶化，让我们在迫切需要休息时，更难入睡。

你可能凭直觉已经知道这些，但是要改变习惯并不简单。也许你还需要多一点证据才会彻底信服。

# THEY~ CALL~ IT

睡眠能让你的身体进行自我修复。我们觉得睡眠是种消极状态，但研究显示在睡眠的某些阶段，部分大脑区域比清醒时还要活跃。

### 他们称之为"睡眠医生"。

在你睡觉时，你的身体和大脑在进行不断的自我修复和自我重建。促使细胞繁殖以及再生的生长激素被释放到血液中，某些类型的免疫细胞的生产进入了高峰。睡眠还能帮助调节与体重增加相关的荷尔蒙。一项针对睡眠不足的男性的研究发现，他们睡眠减少时，胃饥饿素（增强食欲的激素）的水平会相应上升。

睡眠能帮助你减缓心率，放慢呼吸，降低你的血压。它还会改变你的脑电波频率。德尔塔脑波（delta waves）是振荡频率最低的脑波，它能帮助身体进行深度恢复。而只有在睡眠过程中的无梦阶段，德尔塔脑波才会出现。德尔塔脑波也会在深度冥想状态下产生。当德尔塔脑波出现后，压力激素皮质醇会相应下降。

## 做梦是不是灵魂在讲话？

你所做的梦（甚至那个有小丑和光着身子蹦床的怪梦）都很重要。有些精神治疗医师认为，透过你的梦能看到你心底深处的紧张、忧虑和压力的根源。卡尔·荣格（Carl Yung）是梦的阐释的开创者之一，他曾写道："梦是开设在灵魂深处最隐蔽角落的小小隐蔽窗口。"让自己去探索梦境能帮助你更好地了解自己。不如把你的梦境记录在日志里吧，让你的大脑在阐释的过程中任意游走，因为梦的含义是多重的。

DREA
IS THAT YOUR

# MING

## OUL SPEAKING?

试着把梦里出现的人物（即使是你认识的真实人物）当作自我的不同侧面来分析，留意这样做所带来的新的阐释空间。尽管网络上、书店中充斥着解梦书籍，实际上我们梦中出现的形象并没有具体的意义。但是，尽你所能将梦中出现的情感或所发生事情的细节记录下来，并留意找出反复出现的主题，这样做是有意义的。因为这些可能与导致压力的焦虑情绪或先占观念有关。

# IDEAS
## FOR A · Sleep

## 如何打造一个"睡眠友好型"卧室？

借助睡眠工具帮你入睡。挂遮光布窗帘，挡住夏季清晨的光线；如果你对声音敏感，就试试防噪音耳塞。

卧室装饰要简洁、安神。摆设不要杂乱无章，以免造成精神压力。工作文件一定要收起来，不要放在看得到的地方。

卧室墙壁选择蓝色系，或者选用色彩柔和、带有少许蓝色的家具。注视蓝色能帮助人们放缓心律，降低血压。而且，普遍认为，浅蓝色有宁神助眠的效果。把记事本或者日记本放在床头。这样，你就不会因为担心第二天早晨会忘掉想到的东西而躺在那里睡不着了。把它记下来，然后允许自己遗忘。

# Friendly
## BEDROOM

下载一个能帮你睡前放松的冥想播客或者正念播客。我们的 CALM 手机软件上最受欢迎的冥想课程，就是帮助听众入眠的那种。或者，如果你需要帮助才能入眠，又不喜欢录音形式的冥想，不妨躺在床上，尝试做一遍本书第 130 页的"身体扫描训练"。如果你大脑过于活跃，经常头一沾枕头就开始不受控制地胡思乱想，这些技巧对你尤其有效。

购置一个 SAD 灯，让它依照你的设置温柔地叫醒你。SAD 灯所散发的光模仿太阳光，被测出有减轻冬季忧郁症的效果。而且，比起收音机的猛然切入，或者催醒闹钟发出的刺耳长鸣，用这种方式开启一天，要平和得多。

## 睡眠冥想

先舒舒服服地躺在床上。静静地将意识集中在呼吸上，感觉累积一整天的压力正伴随每次呼气逐渐消失。放下所有的思绪和烦忧吧，忙碌了一整天，是时候放松大脑、准备进入深度睡眠了。这是你的身体修复再生的关键时刻，所以允许自己放轻松吧！

想象自己正躺在沙滩上。感受身体下面柔软的沙粒，暖暖的阳光正洒在你的皮肤上。让清凉的微风、温和的海浪抚慰你的心灵。让你的思绪、烦忧融入头顶那片天空。感受地心引力的作用，留意你的身体变得很重。然后带着这种平和的心境，酣然入睡。

## 睡多久才算够?

尽管"8 小时理想睡眠时间"人尽皆知，但这则公认的智慧并不完全准确。还有很小一部分人像撒切尔夫人那样，只需要少得出奇的睡眠，就能活得很好。但是对一般人而言，7 到 7 个半小时的睡眠是最佳水平 *。每晚平均睡 7 个小时的人群，罹病率和死亡率最低。一项有 9000 人参与的研究发现，那些睡眠不足 6 小时或者超过 8 小时的人，记忆功能和决策能力都有所下降。青少年（特别是 15-19 岁的青少年）所需要的睡眠时间比大多数人都要多，建议时间是 9 个半小时，所以更需要对手机实行夜间大赦，来摆脱 Snapchat 软件的深夜诱惑。

如果你喜欢周末赖床，以为能把工作日缺的觉全补回来——其实这样对你弊远大于利。多睡一小时，你的身体还能忍受，如果更长，你体内的生理节律（支配我们作息规律的自然周期或"生物钟"）就会受到干扰，使你周日晚上更难入睡，以至于周一早上感觉像是在倒时差。

*2014 年刊登在《睡眠研究》杂志上的一项研究发现，有些人身上有一种基因，能让他们在每晚睡眠不足 5 小时的情况下正常生活。对于其他人来说，睡午觉对改善心情、提高机敏性很有帮助，特别是将午睡时间控制在 20 到 30 分钟时。超过 30 分钟，你就会进入比较深的睡眠阶段，被叫醒时可能会觉得头昏脑涨，产生睡眠惰性。

# 帮助放松和减压的伸展运动

这些伸展运动有助于放松身体和肌肉，帮你赶走白天承受的部分压力，做好安睡前的准备。

### 耸肩运动

站立，后背挺直，两腿分开与肩同宽，手臂自然下垂。先将双肩向前方耸上去，然后缓缓朝后方沉下去。重复几次。这套动作能帮你放松肩、颈和后背。

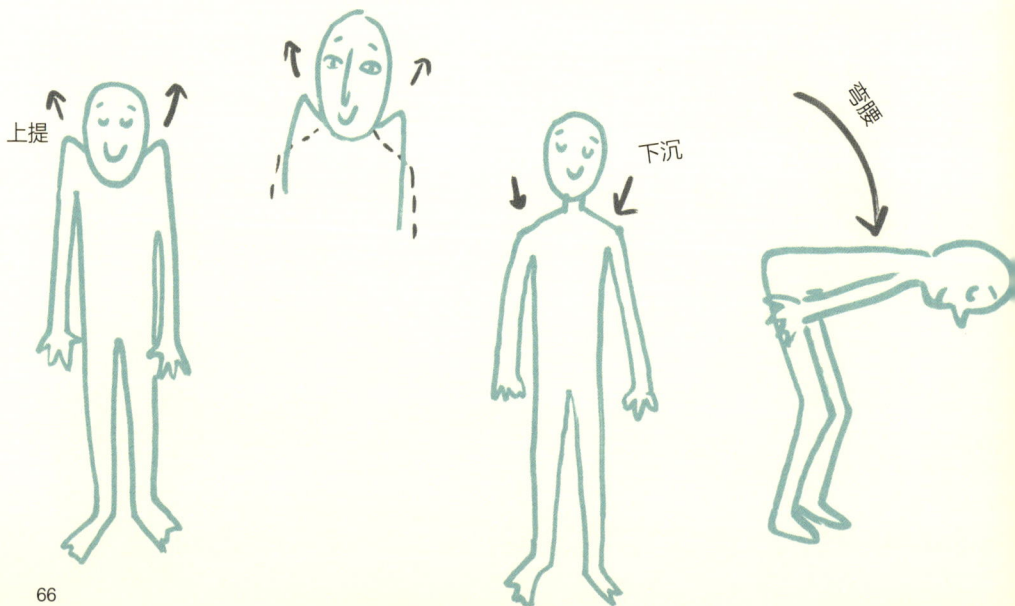

上提

下沉

弯腰

**直立体前屈**

站立，双脚分开，与胯部同宽。让上半身缓缓沉下去，躯干朝地面弯曲。双腿稍稍弯曲，以避免拉伤后背。将手放在地面上，或抱住肘关节。慢慢伸直双腿，让双腿后部伸展开来。

**背部伸展**

平躺，右腿屈膝，向胸部位置抬高，落在身体左侧。将左手放在右膝上，展开右臂，伸直。视线朝右侧看去，或者将头缓缓偏向一侧。相反的一侧，重复一次。这套运动能帮你将脊椎慢慢伸展开来。

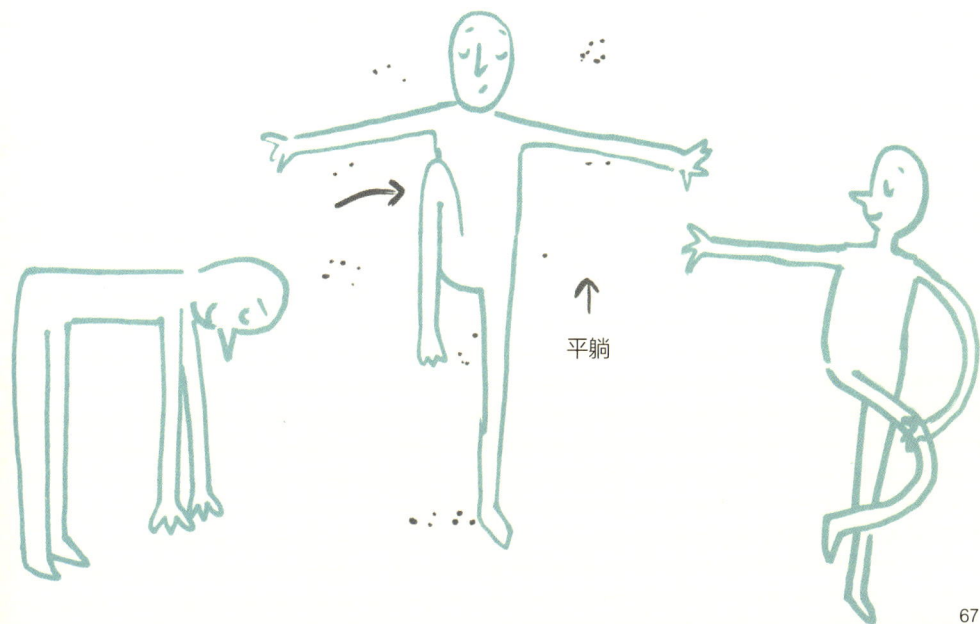

平躺

# 用心洗个澡

一

数千年来，洗澡一直被认为益于健康，能帮助放松。古罗马人尤其热衷沐浴，他们甚至在大众浴池里边洗澡边谈生意。如今，水疗法已被物理治疗师和运动治疗师使用，海洋诊疗 SPA 在世界各地也颇受欢迎。海洋诊疗将海水的治愈特性用于种类丰富的解压和复原疗程。

每晚洗澡是享受安宁时光的绝佳机会。先打开水龙头，留意水流出的声音。往水里加些香薰泡泡浴液，浴缸里的水越来越多，泡沫也越来越丰富，看着这些泡沫逐渐增多。点根蜡烛，放在泡澡时能看到烛光闪烁的地方。慢慢地进入温暖的水中，用心感受身体的每一个部位。闭上眼睛，深呼吸。

*1*  实行科技宵禁。研究发现，电视、智能手机和电脑屏幕散发出的光会扰乱身体的昼夜规律。美国哈佛医学院的一项研究发现，光的独特频率会影响身体产生助睡荷尔蒙——褪黑素。至少要在预备睡觉前一小时关掉电子设备和电视。找本书读吧，如果你用的是电子书阅读器，那就下载一个蓝光过滤软件。

*2*  不要喝酒。克里斯·艾德辛科斯基教授（Chris Idzikowski）和伦敦睡眠研究所的伊沙·艾伯罕姆（Irshaad Ebrahim）进行了一项研究，发现尽管睡前小酌的志愿者入睡更快，但他们的睡眠质量却下降了。他们的 REM（快速眼球运动）睡眠阶段缩短了，不如睡前没有饮酒的志愿者睡得安稳。

*3*  每周有规律运动。研究表明，运动人群比不运动人群睡眠质量更好。不过，睡前剧烈运动会产生相反的效果。

*4*  把暖气关小些。夜晚睡眠的最佳温度是 18℃，要比室内常温低几度。如果觉得太热，你很可能会感到躁动不安。

*5*  喝杯热牛奶。牛奶里含有色氨酸，是一种刺激血清素生产的氨基酸，而血清素是一种能够强化大脑、让人感到宁静放松的神经传递素。如果你不喜欢喝牛奶，就喝杯稍具安神效果的草药茶，比如缬草根茶或甘菊茶。助眠饮品有很多，你可以不断尝试，直到找到自己喜欢的那种。

# 5 RULES OF SOUND SLEEP

'When I'm worried and cannot sleep,

当我忧心忡忡，难以入睡时，我
细数上帝的恩赐，而不是数绵羊。
宾·克鲁斯拜

I count my blessings
instead of sheep.
BING CROSBY

如果你难以入眠，试着想象一片静谧的自然风光，可以是一处乡村田园景色，也可以是一片美丽动人的湖，湖水正轻轻拍打着岸边。这种简单的想象能助你入眠。牛津大学的研究者发现，想象这些景色的志愿者比没有这样做的平均早入睡 20 分钟。不过，别数绵羊，因为这项研究还发现数绵羊其实延迟了睡眠。

# DATE

## WHAT MADE YOU FEEL CALM TODAY?

## WHAT ARE YOU GRATEFUL FOR?

# WHAT WERE THREE HIGHLIGHTS OF TODAY?

TRAVEL

旅行

# 以前
## 一想到旅行
## 大家都会觉得浪漫

—

以前，一想到旅行，大家都会觉得浪漫。那时，坐飞机是件让人兴奋不已的事情；乘坐伦敦双层巴士不仅是一种将你从一个地点运送到另一个地点的方式，它还是一种休闲活动；就连坐火车上下班也有一种特别的气氛，充满了电影《相见恨晚》（*Brief Encounter*）里描绘的可能性。如今，电子设备不断发出提示声，这些声音已经成为当今都市生活的白色噪声。那个年代的旅行者却没有这种干扰，他们在路途中做白日梦、观察人、读小说、跟陌生人攀谈……如今这种悠然之感却被抛在一边、弃之不用，实在可惜又可悲。

如今，上班族每天花费大量时间在上下班途中（据一项英国的最新报告显示，平均每天要花费 45 分钟）。距离办公室很远的极端通勤正变得越来越常见。即便是那些被认为比较轻松的上下班通勤，比如短距离骑行或者步行，都会提高压力水平。国家数据办公室对 6000 人进行了研究，发现通勤上下班的人比不通勤的人更焦虑，而且对生活的满意度也更低，他们一般会感到自己的工作没有意义。

但是在这些压力中，有多少是源于我们自己的心态而非通勤本身呢？如果我们在上班的路上为即将开始的一天忧心忡忡，下班回家的途中思索前8个小时的分歧，那么我们厌恶通勤、讨厌在路上（特别是当你的飞机晚点、堵车或者坐火车碰到不讲卫生的邻座时），还奇怪吗？对于这种情况，我们一定要做些什么，因为路途中产生的消极情绪会侵入生活的其他方面。2011年瑞典的一项研究发现，如果夫妻其中一人每天上下班要花费超过45分钟，那么这对夫妻就多了4成的离婚可能性。

该是恢复旅途在我们生活中扮演静心角色的时候了。坐在飞机上，什么都不要想，透过机窗观望下方的云海，尽情享受片刻的美好时光，让乘坐飞机成为修复身心的良机，而不是不得不做、觉得不便的事情。坐在驾驶座上，收听古典音乐，做呼吸练习，让驾驶为新的一天奠基，而不再是压力和焦虑的诱因。一段骑行可以让你觉得更文明，带给你能量。

用哲学家阿兰·德波顿（Alain de Botton）的话来说：

"旅行能催人思索。

没有地方比行进中的飞机、

轮船和火车上更容易让人倾听到内心的声音。

在火车上神游数小时后，

我们会感觉自己返归本真

——亦即开始清楚那些对我们真正重要的情感和观念。"

通勤给我们一种难得的独处机会。

如果你开始审视旅行时光，会发现它具有一种非常棒的特质，即旅途的流动性，你不会停留在一个地方。这种流动性能让你停下来，暂时不用做任何事情，只享受这片刻的宁和。

下次通勤时，如果感到血压在飙升，试着专注于周遭的声音，以此分散注意力。倾听时，只把它们当作"噪声"。觉察进入脑中的念头，由着它们离开。不断将注意力拉回到周遭的声音：人声、车辆声、鸟鸣，或者是某个人的音乐播放器发出的细小的"呲呲"声。当你像这样高度专注时，惯常的烦躁情绪就不会探头了。

地铁站以及地面上的车站已渐渐覆盖无线网络，而我们也开始在旅途中不断查看智能手机、打开手提电脑。这种习惯在加剧着我们的压力感，使我们丧失了一个宝贵的静心良机。

A SMOO

NEVER

ASK

SAI

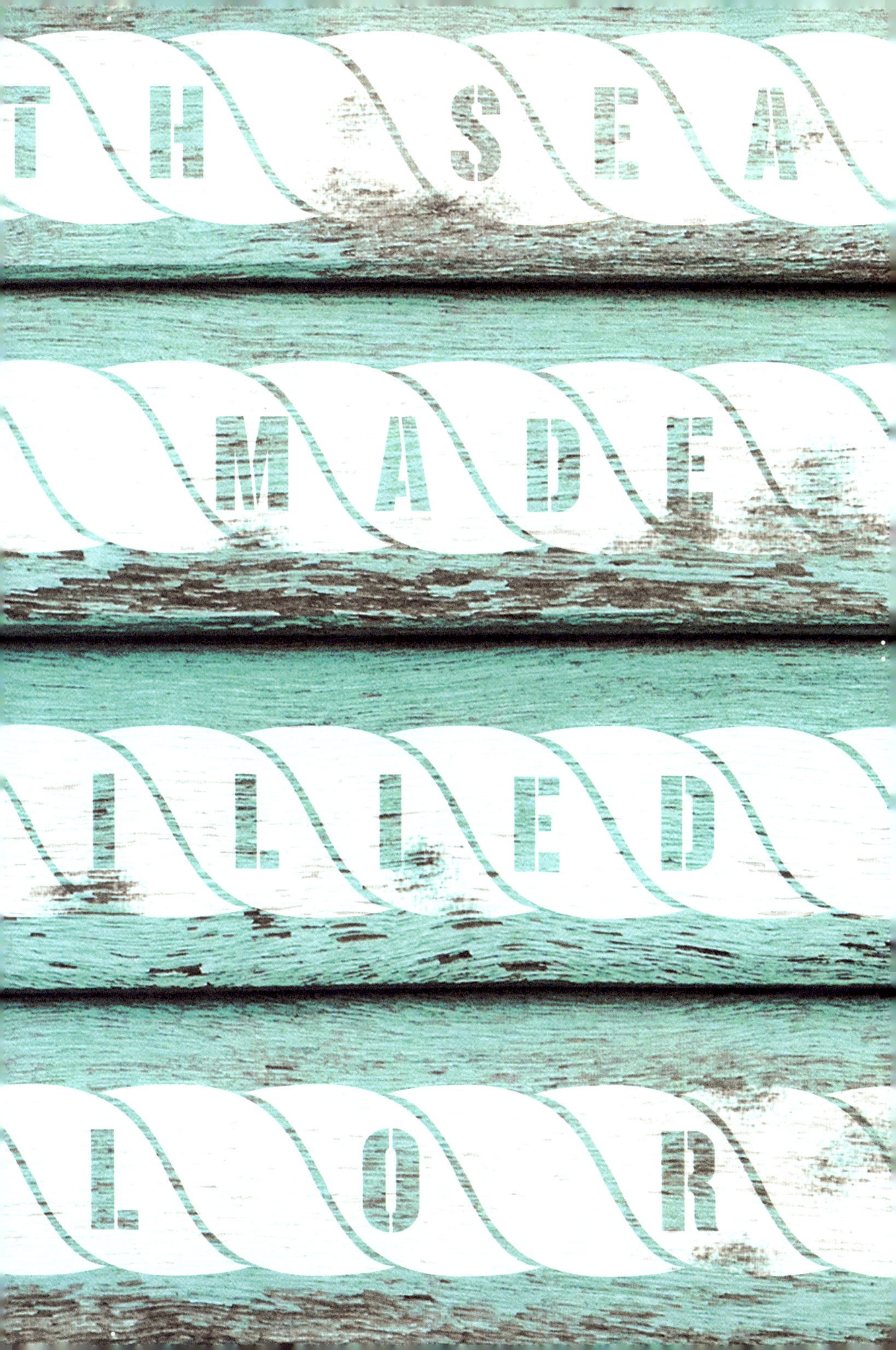
T H S E A
M A D E
I L L E D
L O R

THIS TRAIN IS A

# HELLO

ZONE

PLEASE BE PREPARED

TO ACKNOWLEDGE

A FELLOW

## HUMAN BEING

此列火车是"你好"区域，
请做好准备承认另一个人类的存在。

# 旅途冥想

—

为了避免每天通勤时遭遇压力，在去往某地的路上，做一个对自己和他人的同情心的冥想训练吧。不管是在公车还是火车上，一旦坐下，你就可以开始了。

第一步，先建立同情的意图：想一想友善待人。不管是什么交通方式，你都可以选择不让前车挨后车的交通或者其他不便为你制造焦虑感。不要想着赶时间，用等待的时间练习如何在此刻放松。

用警笛声、响起的铃声以及你听到的任何噪声，提醒你回归此时此刻。放松心情，对周围的人不妄加评断。承认这个事实：你们所有人都怀揣同样的目的——要去往某地。

如果遇到交通堵塞，或者邻座乘客正在咳嗽，不要以厌恶感回应，试着怀揣同情之心，看待正发生在同路旅人身上的事情。借此机会感受与他人之间的纽带。

如果在每天通勤时你都心怀同情，那么你就会发现，发生改变的不止是旅途，接下来的一天也大有不同。

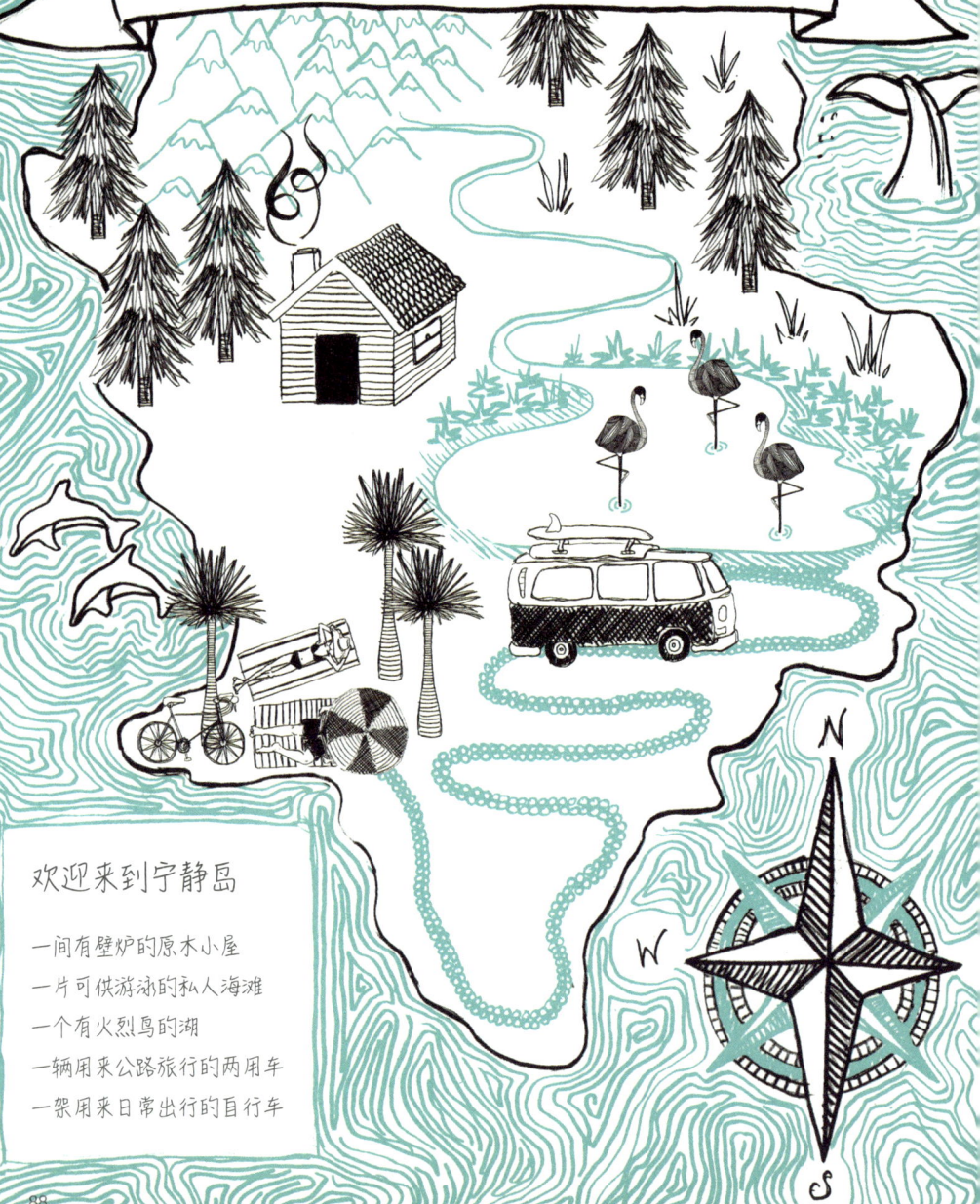

WELCOME TO Calm Island

欢迎来到宁静岛

一间有壁炉的原木小屋
一片可供游泳的私人海滩
一个有火烈鸟的湖
一辆用来公路旅行的两用车
一架用来日常出行的自行车

# Now design your island

## 现在设计出你自己的宁静岛

如果你在为自己设计一个完整的岛屿，在这里你能心绪宁静，你会放些什么在上面呢？你要睡在哪里，播放什么音乐，吃什么，在哪里放松？你可能需要一个带玻璃墙的瑜伽工作室，在里面能够看到山景，或者需要一个超大泳池，可以让你游几个来回。游过泳后，你能漫步至郁郁葱葱的棕榈树下，躺到系在两树间豪华而舒适的吊床上，有大量的稀有图书可以享读。

在这里写下或者画出任何能帮助你进入平和心境的事物。无论何时感到压力，你都可以回到这个地方。随着时间推移，不断丰富细节，增添新的事物。

# 为什么不换个路线上班呢？

一

打破旧习对思维有益。选择走一条陌生路线让你的大脑重新焕发活力，让你摆脱"自动驾驶"模式。不仅如此，走出舒适区域后，你能发掘出生活中更多的美好，可能是一座隐秘的建筑精品，一棵美丽动人的古树，一所鲜为人知的博物馆，抑或是一家你从未发现过的美味熟食店。

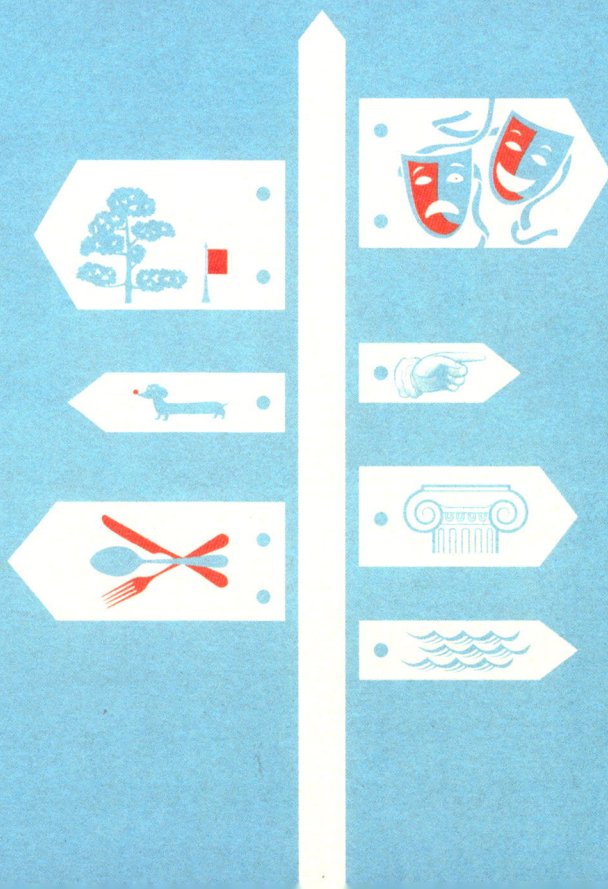

# TRY A DIFFERENT ROUTE

尝试不同的路线

Go for a Walk

# 出去走走

有大量文献指出步行与静心的关联。古往今来，很多伟大的思想家和艺术家都酷爱步行，并且认为他们的创造力因步行而提高，而且步行能让他们恢复平和的心境。哲学家尼采曾宣称，"所有真正伟大的思想都是在步行时产生的"；当今的步行爱好者、作家威尔·赛尔夫（Will Self）曾在作品中写道，步行"对自我与世界的关系……具有一种内在的扩张性"。

我们在步行时，会释放胺多酚。胺多酚是一种神经传递素，能舒缓压力，减轻疼痛，让人感到乐观、放松。研究显示，步行 20 到 30 分钟所产生的安神效果和温和镇静剂的药效相似。

英国作家狄更斯常常在夜晚长时间漫步伦敦，他这个古怪的习惯也很有名。狄更斯认为，步行是让他保持神智的关键，他曾写道："如果不能长距离快走，我想我会爆掉，然后死去。"他的这些晚间漫步让他能够在月光下观察人们，如果你想从他的这些活动中获取灵感的话，不妨阅读他的散文《夜行》（*Night Walks*）。

我们常说出去走走是"醒醒神"或"透透气"。步行这个行为本身就具有恢复的作用，体现出一种根本的人类特性。把一只脚放在另一只前面，就能从一个地点到达另一个地点，这是一个人所能做的最简单的事情，也是身体健全的人认为理所应当的事情。学会走路可能是从婴儿时代过渡到童年这一成长过程中最显著的里程碑；学会自己走路，"靠自己的双脚站立起来"，是我们拥有的自由意志的最明显标志。

不过，我们很容易遗忘步行的习惯。你也许要重新审视自己的生活习惯，争取每天挤出更多时间步行。坐地铁或公车时提前一站下车；绕点儿远路，走路回家；把车停远点儿；午休时间散会儿步，找另外一家餐馆吃饭。如果你尽力去做了，很快你会变得更平和、更幸福、更健康。

# 闲逛

一

意大利人有一种"闲逛"（la passeggiata）的概念，是指傍晚慢悠悠吃过晚饭后，和家人一起在附近悠闲地散步。闲逛具有一种庄重而优雅的气质，并不正式，但人们喜欢尽力打扮之后再出门。这也是一种非常具有社交性的活动：大家都走在街头，在黄昏的暮霭中，你准保能见到一些友好的面孔。这种仪式完全是他们普通日常生活的一部分——既不是难得的款待，也不是被遗忘的杂务，它不过是一份寻常的日常愉悦。

这种闲逛的传统很简单，但对社区意识的创建却起到了关键作用。邻居们的碰面闲聊，能让人们对自己居住的街道产生更深的感情。无论年长还是年幼都加入进来，几代人会聚在了一起，社会界限便不再那么明显。更为重要的是，这样就可以在每天快要结束时，留出一点时间，温和随兴地放松自己。这是没有目的地的旅行。这正体现出了意大利人"无所事事的愉悦"（dolce far niente）的精神。

## POST CARD

### 最短的路程并不总是最合适的旅程。

多年前,我在旧金山出差。工作完成后,我计划去科罗拉多州看望亲戚。我的第一反应是打开手提电脑查航班,但最后我决定坐火车前往。因为坐火车要比乘飞机费时得多,所以我一般不会考虑这个选项,但我当时并不急着赶到目的地。我为自己买了一张美国铁路公司加利福尼亚"和风号"观光列车的票,开始了一段美好的旅程。24 小时的车程蜿蜒穿过洛基山区,沿着科罗拉多河向前行进。列车上有一节车厢是玻璃顶的,我在那里安坐数小时,欣赏美景,遐想,胡乱涂画。我还在这趟车上认识了一些很有趣的人物,而且和他们建立起了一种在机场、飞机上的紧张匆忙环境中几乎不可能形成的联系。到达目的地时,我感到心绪平和、休息充足、精力充沛。虽然我一生中乘过几百次飞机,但唯有这次悠闲的火车之旅常常浮现在脑海中。

迈克尔·阿克顿·史密斯

'Smile,
and go

breathe
slowly.'

Buddhist mantra

# 飞机上如何保持宁静

### 下载有助平和心境的手机软件

CALM 手机软件上有一些很棒的快速冥想课程，专门帮你释放焦虑情绪。任何一种冥想都能帮助你避免焦虑入侵。

### 了解事实

航空旅行是最安全的交通形式。乘飞机比坐车要安全 22 倍。坠机死亡的概率低至一千万分之一，这个数字该让你放心了。

### 来点自我催眠

研究发现，催眠疗法是对抗飞行恐惧的有效方式。有很多书、网站、免费视频课程教你如何使用自我催眠技巧来克服恐惧。或者，如果你想接受私人治疗，那就去看催眠治疗师。有些催眠治疗师专门治疗飞行恐惧症。

### 预留充足的时间

如果你因为时间太紧而紧张不已，那在登机前，你的皮质醇和肾上腺素已经上升到比较高的水平了。慢慢来，留出时间，在飞行前阅读。

### 分散注意力

分散注意力是很好的放松方式。听舒缓的音乐、看书，都能帮你恢复宁静感。

### 搭讪

结识坐在邻座的陌生人是将注意力从焦虑情绪上转移的好办法。

### 避免饮酒

酒精饮料的生理作用能让你感到更加眩晕，而且心跳加速，从而加剧焦虑的症状。所以，要避开酒精饮料。

### 不要喝浓咖啡

咖啡因引起的亢奋情绪会放大焦虑的生理症状，不如喝杯宁神花草茶（自己随身带上几袋，向空乘人员要些热水）。喝的时候，记得闻一闻茶水所散发出的宁神芳香。

### 重新认识飞机颠簸

飞机颠簸可能在飞机穿过乱流时产生，也可能在飞机遭遇两股以不同的速度或方向行进的强气流时产生，它是恐飞者最糟糕的噩梦。但是，最近 50 年并没有一例民航班机坠毁事件是因飞机颠簸造成的。而且，现在造飞机用的材料要比之前用的材料结实得多。

# DATE

# WHAT MADE YOU FEEL CALM TODAY?

# WHAT ARE YOU GRATEFUL FOR?

# WHAT WERE THREE HIGHLIGHTS OF TODAY?

Relationships

关系

我们都渴望

与伴侣拥有理想的亲密关系，

这种关系让我们总是盼望回到家里

与对方团聚。

我们都渴望与伴侣拥有理想的亲密关系，这种关系让我们总是盼望回到家里与对方团聚。同样，我们也都希望有时间培养长久而亲密的友情，希望有耐心和同理心处理好家庭关系。然而在现实中，这些却很难实现。

理想的爱情会让你和伴侣的关系成为你的情感避难所，当受到外界的打击时，你可以退回这里疗伤。大多数人所渴求的关系是平和而积极的，这种关系建立在相互尊重和相互理解的基础上。但是太多时候，你在日常生活中所遭受的压力会溢出，危及你和他人的关系。如果你白天工作不顺利，或者通勤很辛苦，又或者因为孩子发脾气而无可奈何，等到一天结束见到伴侣时，你的消极反应机制可能早已被打开。研究显示，压力在关系中具有传染性；一项研究发现，40% 的人因为伴侣遭受压力而产生压力反应。

## 经常冥想的人，

## 更擅长表达思想和情感。

训练你的大脑，让它更能获取平静，就能改变这种消极循环。各类研究均显示，冥想能改善你与他人之间的关系，不管是伴侣、家人，还是同事。经常冥想的人更擅长表达思想和情感。他们更具同理心，更能应对压力，对人际关系整体上感觉更满意。

而且，研究显示，进行正念练习的夫妇，亲密程度、接受力和自主性都有所提高。同样，进行关爱练习，比如第 116 页上的练习，有助于增强你的亲近感。2007 年的一项研究发现，只需短时间的关爱冥想练习就能迅速提升对他人积极正面的感觉。这对你一生中经历的所有关系都有益。

进行爱的冥想练习，

能让女性更加享受性爱。

法国佛教修行僧马修·理查写了很多关于幸福和正念的书。他通过描述愤怒对关系的破坏，得出结论：维持好的关系需要平和的心境。"当我们被怒气冲上头脑时，我们没法摆脱这种情绪。每次见到或者想到让我们愤怒的人，就会怒火重燃。这样，折磨就不断恶性循环下去，我们就只能沉迷于痛苦之中。"问题的症结是，受困其中，你误以为这就是关系的真谛。

相反，如果你心绪平和，就算是艰难的谈话、激烈的分歧，也更容易处理。我们都明白，长远来看，抬高嗓门、冷嘲热讽、本能反应都于事无补。做这种反应时，你自动放弃了情绪控制，将它交给大脑里的杏仁核区域接管，这部分大脑负责应激情绪反应，肩负保证你存活下来的原始使命。当身体进入高度警觉模式时，会造成血压上升、心率加速、肌肉紧张。这种情况下，你几乎不可能去认真倾听、理性思考、冷静反应。

至此，心绪平和对伴侣情感关系的益处已经很明显了。此外，总体心绪平和还有助于提高伴侣的身体关系。唐乐可（Tantric Sex）养性健身术是正念性爱的另一种称法，虽然 20 世纪 90 年代出现的唐乐可养性健身术协会都多少带些欺骗的色彩。唐乐可技巧强调，专注呼吸、感觉和关联。不仅如此，研究还发现，正念在治疗性功能障碍方面有非凡的效果。美国英属哥伦比亚大学妇科学教授洛里·布罗托（Lori Brotto）的研究表明，正念能提升性欲低下的女性的性欲，让她们更享受性爱。

而且，不能忘了友情，有时候友情比爱情更持久。正念能帮你改善与伴侣之间的关系，同理，它也能让你成为更好的朋友，让你在和朋友的关系中获取更多满足。甚至有研究表明，正念训练更能让你与陌生人融洽相处并理解他们。简而言之，平和的态度能让这个世界看起来更加友好、更加积极。

WHERE THERE IS LOVE THERE IS LIFE

哪里有爱，哪里就有生命。

圣雄甘地

MAHATMA GANDHI

# −DESIGN YOUR OWN−
# TATTOO

## 设计属于你自己的文身

在实际生活中，你可能不愿文身，但文身艺术是探索你的创造力的绝佳办法。你可以设计一个献给你所爱的人，或者为自己设计一个。创造出一个美丽而独特的东西吧！

# TURN YOUR

## 关掉你的手机

下次和所爱之人相处时，关掉你的手机。真正
专注于他们，认真倾听。以全新的视角审视他们，
注意他们言谈举止的细微变化，他们的肤色，
他们的眼神。全身心地专注于你们的谈话。

PHONE OFF

# LOVE TREE

## 爱之树

这是一棵爱之树。出门遛弯时捡些树叶，有时间的话，将树叶压平。用记号笔或者银色签字笔，在树叶上写下你深爱的人的名字。将树叶一片片地粘在爱之树上，在粘贴的同时，脑海中浮现你所爱之人的样子，向他们传送充满爱意的正能量。这个活动和孩子一起做也很棒，特别是如果你有相隔很远的亲友的话。

Mum

# 爱的
# 冥想练习

一

找一个安静的地方，舒舒服服地坐下来，准备好进行爱的冥想练习。

为了打开自己，让自己接纳他人的友情、善意和理解，你必须首先理解并接纳自己。从你身上找出一样让你欣赏的特质，或者是让你骄傲的方面，这样你就能积极看待自己了。花点时间沉浸在这种思考中。

接着，先认清你对自己有什么美好的祝愿。这些祝愿可以是："让我幸福""让我健康"，或"让我远离危险"。不论你内心感到哪些话对你有特别意义，念出来。然后重复念几遍。

等你感受到积极看待自己所带来的正能量后，你可以将这种积极的感受引导出来。脑海中浮现出你的爱人的模样，然后把这些你赐给自己的祝福送给他们。

最后，注意这种始于自爱然后施爱于人的练习是如何增强人与人之间的友善、同情和理解的。

让我幸福
让我健康
让我远离危险

谁让你
感到幸福
？

Who makes you happy?

# 列出你生命中
# 让你感到最幸福的 10 个人

这个名单上可以是任何人，比如你的朋友、鼓舞人心的作家或思想家。经常看一看这个名单（不如用手机拍张照片，保存在身边）；什么时候觉得压力难以负荷，就拿起手机，打电话给其中一人，或者打开一本你深爱的作家写的书，吸收其中的智慧。

1. ----------------------------------------

2. ----------------------------------------

3. ----------------------------------------

4. ----------------------------------------

5. ----------------------------------------

6. ----------------------------------------

7. ----------------------------------------

8. ----------------------------------------

9. ----------------------------------------

10. ---------------------------------------

# DATE

# WHAT MADE YOU FEEL CALM TODAY?

# WHAT ARE YOU GRATEFUL FOR?

# WHAT WERE THREE HIGHLIGHTS OF TODAY?

Work

工作

闭上眼睛，想象你的完美工作空间。

闭上眼睛，想象你的完美工作空间。你的老板给你充足的午休时间；当你觉得压力大时，随时可以使用冥想舱；团队会议一开始，先集体做一次安静的呼吸练习；你的办公桌前有很棒的风景，能看到树木和植物沐浴在充足的自然光线中；你的办公室有自己的俱乐部和现场瑜伽；你坐的椅子专门为改善你的坐姿而设计……这些绝不是梦中才会出现的情景。现在很多企业，大到跨国公司，小到科技新兴公司，都为员工提供了这种工作环境。这些公司将员工的幸福安康置于企业理念的关键位置。

阿丽安娜·赫芬顿（Arianna Huffington）指出，职员的"幸福安康"从被忽略到备受重视、成为企业的主流文化，原因在于企业终于认清："这是将幸福、满足感、生产力、创造力和利润最大化的最优办法，也是唯一的办法。只有如此，个人、公司、社群，乃至这个星球才能持续前进。"赫芬顿是正念益处的热情倡导者，她在《赫芬顿邮报》设立了冥想室。英国石油公司（British Petroleum）和易趣网（eBay）也在它们的办公室开辟出了用于冥想的空间，高盛投资公司（Goldman Sachs）启用了冥想舱。不管是财务蓝筹公司，还是药品公司，抑或是像谷歌、脸书、Etsy 那样的科技公司，员工们都开始信奉一种新的文化——CALM。

企业这种转变所带来的好处已经在研究中凸显出来。如果一群人被要求集中他们的创造力、天赋、想法和技能进行创造，就必须有一个平和的环境。为了提升工作满意度，人事经理一直在追求一种让员工感觉良好的办公室文化。正念练习能提升组员的同理心和自我认知，有助于让他们形成齐心协力的感觉，从而将整个团队紧密地团结起来。将平和方式运用到工作中既不必费钱，也不必耗时，可以仅仅是每天一小段的冥想，或是听正念练习录音。

专注和简洁是我一直信奉的真言。

简洁难于复杂；

你必须努力涤净思维，

才能实现简洁。

史蒂夫·乔布斯

正念冥想绝不会让你进入一种不在乎工作效果的状态（商业人士对正念练习的忧虑之一），2002 年，美国对人力资源工作人员的一项研究显示，完成 8 周正念冥想训练后的工作者的专注力水平得到了提高。他们的记忆力和集中注意力的能力也提升了。找回平和感还能提高创新思维的能力，使我们更少专注于习惯性消极思维，这种思维通常分散我们的注意力，产生破坏力。

工作文化的转变还包括，许多雇主接受了一种新的弹性工作制，允许员工兼职或者采用灵活的工作时间。而且，工作场所的设计也正在被重新思考。Second Home 是位于伦敦东部肖尔迪奇区的一个创意性联合办公空间，由 Selgas Cano 建筑工作室设计，几乎所有空间的围合都是由透明的像气泡一样的玻璃完成，视野极尽自由开放，通过墙体的弧度还能看到树冠。这里还有厨师现场提供健康美食。Selgas Cano 的建筑师开创了办公空间的新形态，在美学、人体工程学以及态度和方式方面都富有灵感和平和感。

就算你不在这种炫酷的未来主义建筑内工作，要想提升你的工作幸福感，还是有很多方法的。除冥想练习之外，获取平和的关键是平衡休息和工作效率。不论你是在大办公室工作，与同事一起进行头脑风暴讨论会，还是独坐电脑前，以一己之力实现自己的想法，都是如此。不管你从事的是什么工作，在工作时间稍作休息，都有助于提升创造力和专注力，使你的大脑更加警觉，更易于接受信息，更富有想象力。


在工作时间稍作休息，

有助于提升创造力和专注力。

爱因斯坦的相对论，

就是在他外出骑自行车时想出来的。

像狄更斯或者达尔文这样的知名人士有很多，他们工作非常刻苦，但同样信奉休息之道。即使是丘吉尔也很少在午夜之后工作。雨果早上写作，之后就乘坐巴士去和朋友会面、共进午餐。据称，爱因斯坦是在外出骑自行车时形成相对论的思路的。雷·布雷德伯里（Ray Bradbury）还是位苦苦挣扎的年轻作家时，在一个公共图书馆用短短 30 分钟写出了《华氏 451 度》（*Fahrenheit 451*）。在那里，花 10 美分就可以使用公共打字机写作半小时。这种时间限制促使了这种不可思议的高效率产出。

大脑跟其他肌肉一样，过度使用会疲乏，需要休息才能恢复。2011 年《认知》杂志上发表的一项美国研究中，受试者被要求盯着一台电脑 50 分钟，从事重复性任务。那些被要求短短休息两次的人，能够在思路受到有意干扰时，继续专注于眼前的任务。然而，那些试图坚持工作，全程保持注意力的人，在观察期间，专注力的下降呈递增趋势。

# YOU CAN'T WAVES

## JON KABAT-ZINN

STOP THE BUT YOU CAN LEARN TO. SURF.

# 全身扫描式冥想
## 能帮你准备迎接新的一天

—

全身扫描式冥想很简单，是开始新的一天的绝佳方式。它能让你留住刚醒过来时悠然平和的心境，并将其利用起来。比起不加思考地冲向繁忙的一天，如此用心开始全新的一天，能让你在面对工作、家庭的压力源时，感到更加有所准备。找个舒服的姿势，闭上眼睛，自然地吸气。把注意力放到你的吸气上，直到呼气结束。

等你觉得完全放松了，把注意力放在头顶，留心你此刻的感觉。可能是一种麻刺感，或是一定的热度。具体是什么感觉并不重要，重点是注意你的感受。现在把注意力往下拉，感受你的脸、下巴、脖子和双肩，保持对身体每一部位的意识，注意你的双臂和手、腹部和背部，然后，在放松呼吸的同时，注意你的骨盆和坐骨、腿和脚。

最后，再次深吸气，温柔地微笑，让自己明白，你要将这份平和的心境带到一天的工作和生活中去。

# 抗焦虑练习

一

工作过程中，如果你感到焦虑感和压力感正在上升，试试以下简单的练习：

1. 放慢呼吸。感到焦虑时，我们一般会呼吸浅且急促，从而加剧我们的焦虑感。解决办法是放慢呼吸。缓慢地通过鼻子深吸气，数到 4。屏住呼吸，一到两秒后，缓慢呼气，数到 4。重复几次。

2. 质疑自己的反应。当你对紧张状况做出反应时，问问你自己：我是不是过早下结论了？我是不是放大了事态？这是能更好地表达我的需求的时机吗？我能相信时间会化解这个问题吗？

3. 休息一会儿。如果工作时碰到让你感到有压力的事情，从中抽离出来，平静心态，厘清思路，换一个角度。找点零食吃，去其他房间，或者出去透透气，都能帮你放松自己、平复心态。

## 25 WAYS to take a BREAK

Go for a run. 去 跑

**4** Ride a bike 骑单车。

**5** DANCE 跳 舞。

25 种方式，休息一下

**1** JUMP

跳跃。不管是跳绳，还是在蹦床上跳跃，你都能迅速感到一种雀跃的自由。这就是为什么著名摄影师菲利普·哈尔斯曼喜欢捕捉他的对象——比如玛丽莲·梦露和理查德·尼克松——暂时不受地心引力控制的那一幕。

**2** Witness a mini wonder

见证一个小小奇迹。只要你用心去看，到处都有小小的奇迹。可能是一只蜘蛛在织网，一群蚂蚁搬着树叶的碎片回巢，一个刚学步的幼儿蹒跚地走过房间，或者是黄昏的天空中的风云变幻。

# 6 SWITCH ON BBC RADIO 3

**听古典音乐。**古典音乐对身心皆有安宁的效果，能降低血压，减少血液中的皮质醇水平。研究显示，手术前后倾听安静的音乐，能降低病人的焦虑感和疼痛水平。

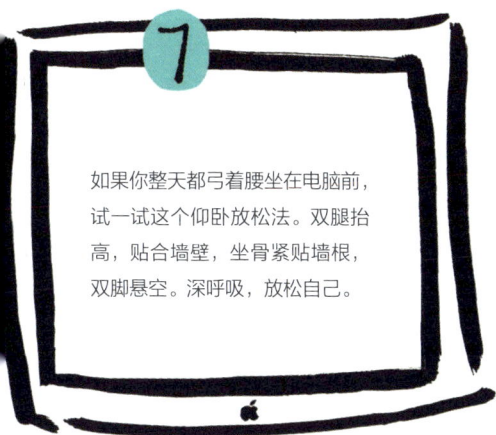

## 7

如果你整天都弓着腰坐在电脑前，试一试这个仰卧放松法。双腿抬高，贴合墙壁，坐骨紧贴墙根，双脚悬空。深呼吸，放松自己。

# 8 Let out a sigh

**长吁一口气。**充满压力的一天结束时，大声发出长长的"啊——"声或"噢——"声能化解有事淤积在心时憋闷的感觉，而且发声时带来的震动和深呼吸能让你精力充沛。

# 9 Sit somewhere natural

**去自然环境中坐会儿，**比如公园或花园，什么也不要做。专注于一种感官，试着全神贯注地觉察每一种小细节。这是一种正念练习。

# 10 HANG OUT

**悬挂。**抓住一根粗壮的树枝，或者站在栏杆下，用椅子帮你抓住栏杆。将双脚抬离地面，双脚不再承重时，感受你整个背部的拉伸。

# 11 WATCH the STARS

**看星星。**不管你是在阳台上裹着毛毯手握一杯热茶，还是在花园里平躺在野餐毯上，抑或是当你难以入眠时透过窗户看着外面，抬头看天总是最快捷的精神食粮。

# 12 TAKE A NAP Zzz zzZ zZz

午睡一会儿。我们身体的能量水平在一天内有所起伏，研究显示，午睡在生理学方面很有意义。所以如果你有机会能打个盹儿，就睡吧。

## 13 Watch some water

看看水。无论是波澜起伏的海面，还是流速缓慢、遍布水草绿色的河流，或是发出迷人汩汩声的小溪，观水本身就能够带来平和感。研究显示，海水的声音能改变我们的脑波，和深度睡眠、冥想有同样的效果。

## 14 Look at a painting

看一幅画。

做个雏菊花环。

## 15 Make a daisy chain

## 16 TRY A DIY MASSAGE

试试 DIY 按摩。拿一只网球，平躺下来，让网球在身体和地板间滚动。如果觉得有不舒服的地方，让肌肉压紧网球，呼气，以小圈运动来放松肌肉。

## 17
# EADHEAD A PLANT

摘除枯花。

## 18
# DRAW A LEAF

画一片叶子。

## 19
# Examine an everyday object

审视一件日常物品。理想情况下，你应该审视习以为常、从没真正仔细看过的东西。可以是一只杯子，或者一件旧花园工具。探索这个东西，专注于它的形状、质感、重量、瑕疵、怪异之处和十分细微的特征。

## 20
# HUG SOMEONE
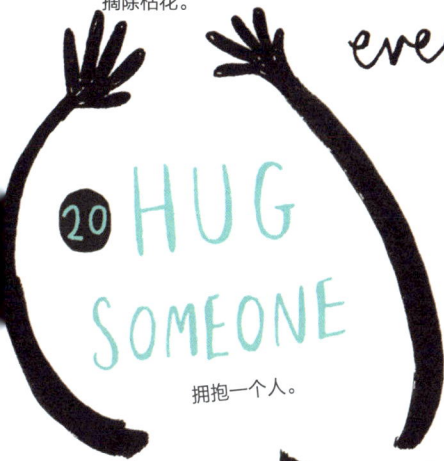

拥抱一个人。

## 21
# SING

唱歌。

## 22
# TRY GOING SLO-MO

试试放慢动作。

## 23
# PLANT UP A SIMPLE CROP

种植一种简单的农作物。种植一大盆沙拉绿叶蔬菜只需要 10 分钟，却会为你带来极其满足的感觉。这种蔬菜发芽的速度一定会令你满意，而且还能让你连续几个月享受美味且健康的沙拉。

## 24
# READ A BOOK

看本书。

## 25
# Go fruit picking

去采摘水果。

# Digital

## 数码排毒

"数码排毒"的概念正逐渐被人们接受。教育学家提醒，来自数码产品的不断干扰会带来一种侵略性危险（意即深入专注对现在的学生来说比以往任何时候都难）。专业学者们正在研究，我们在社交媒体上的消遣欲和求赞欲的增长所带来的负面影响。我们逐渐意识到，拔掉插头是恢复平衡的有力方式。加拿大记者迈克尔·哈里斯（Michael Harris）曾撰文论述断开网络联系的重要性，他认为，"总是在线"会导致我们长期处于"周边焦虑"的状态，因此损害我们的心理健康。

大型企业，像戴姆勒（Daimler）汽车生产公司，在员工休年假期间，会通过停用电邮账户的方式，对他们强制执行无电邮假期。这种做法是对"断开网络联系能让人重新焕发活力"的承认。同样，就算是在科技领域，管理人员，比如思科公司（Cisco）的首席技术官帕德马斯里·沃里奥（Padmasree Warrior），也会每周停用智能手机一天。最近一篇很火的文章爆出，乔布斯和他的妻子不让他们最小的孩子玩 iPad，而且在家里严格执行科技宵禁。连我们这个美丽新世界如此有名望的建筑师都试图限制科技产品的使用，也许我们也该这样做了。

那么从哪里开始呢？发现有几分钟空闲时，如何抗拒拿起电子设备的欲望呢？不如对科技的使用和滥用制定几个规则。要遵守这些规则，一开始可能会觉得难，不过记住这种想要消遣的冲动。这些冲动也恰好证明了恢复平和的重要性。

# Detox

Find your
FLOW

# 找到自己的心流

—

你上次沉醉于一件事是什么时候？坐下没多久，不知不觉几个小时就过去了，不管你当时在埋头做些什么——精心准备一顿大餐，或者是专注于某项引人入胜的创造性任务，比如画画或写作——你正处于美妙时刻，你的能力和创造力在面临挑战时得到最大发挥。去做适当的事情能帮助你加强平和感，因为当你在做自己擅长而又富有挑战性的事情时，你达到了心理学家称为"心流"的状态。这跟同时做多件事情恰恰相反。积极心理学的创始人之一米哈里·希斯赞特米哈伊（Mihaly Csikszentmihalyi）对这个现象做了深入研究，他将心流描述为一种"坚强、警觉、游刃有余、坦然自如、能力到达巅峰"的感觉。

# Identify your Serenity sweet spot

## 找准最能让你感到安宁的区域

你热爱自己的工作吗？也许你想着要转变职业，但是却不知道从哪里开始。看一看右边的维恩图（Venn diagram），找准最能让你感到安宁的区域。等你找到这个区域（不管在这里的究竟是什么），你会认清自己的职业目标。

WHAT YOU LOVE
你热爱的事情

JUST A DREAM
白日梦

HAPPY BUT POOR
快乐但贫穷

SERENITY SWEET SPOT
最能让你感到
安宁的区域

WHAT YOU'RE GOOD AT
你擅长的事情

RICH BUT BORED
富有但无聊

WHAT PAYS WELL
高报酬的事情

## 改变你的密码
## 转变你的生活

—

你一天中要重新输入几遍电脑密码呢？办公室生活一大必做而让人抓狂的事情，就是必须不断变更密码。但是，假如你让密码派上其他用场，把现今生活的真言设为密码，帮你铭记你最想实现的东西，会怎样呢？比如，你可以将密码设为"BU!LDNEWFRI3NDSHIPS"（建立新的友情）、"SAVE4SKIING"（攒钱去滑雪）、"BEK:ND@HOME"（在家时和气些）。这样做的乐趣在于，如果你乐意，可以每月变更一次。这是不断用有意识的提醒来撞击你的无意识的机会。不要错过这种机会。

| | |
|---|---|
| **New password:** | SAVE4SKIING 🔑 |
| **Verify:** | •••••••••••• |
| **Password hint:** (Recommended) | 4 months to go! |

**Reset password**

# WHAT MADE YOU FEEL CALM TODAY?

# WHAT ARE YOU GRATEFUL FOR?

# WHAT WERE THREE HIGHLIGHTS OF TODAY?

孩子

要想了解正念的效果，

你只需要观察孩子，

看他们玩心爱的玩具。

要想了解正念的效果，你只需要观察孩子，看他们玩心爱的玩具。不管他们是在用乐高积木搭高楼，或是在用家里所有的床上用品做一个精美的小窝，还是在编复杂的橡皮筋手环，他们所展现出的平和感和对眼前工作的全神贯注都很不可思议。

小孩子的想象力中还蕴藏着一股无拘无束的感染力量。在他们眼中，一排空着的椅子可以变成一艘海盗船的船舱，也可以变成极地快车的车厢。狗狗们可能在用一种大人无法破译的神秘语言交流，路上碰到的那个怪老头儿可能是个巫师。偶尔到一个不受"别傻了"这种实用主义态度拘束和限制的世界去住住，也蛮有趣，而且这种精神状态能在我们回到"真实世界"后，帮助我们打开思路，恢复宁静感。

孩子们活在当下，也只关注当下，自然没有成年人那种沉重和焦虑的感觉。跟孩子相处，感受这种力量，对练习每天保持宁静的心很有帮助。不管你多大岁数，成人总能从小孩子的态度中学到一些东西。他们的本性就是对世界好奇，而且这份好奇心毫无拘束。这种特质能让他们在面临新的事物时，以一种柔和而开放的心态去探询。

## 与孩子相处

### 是通往神奇的捷径。

除了幻想和创新的能力，孩子们还具备另一种同等重要的能力。这种能力十分了不起，能让我们觉察到日常生活中实实在在的奇观。许多成年人已经无法看到这些存在于真实世界的奇妙。石头和树叶可以那么美，太空是那么令人难以置信的浩瀚和神秘，花朵的盛开、蜜蜂的辛勤、大海的力量又是那么无可否认的壮丽。虽然我们早已遗忘大自然的令人敬畏之处，但与孩子相处能让我们快速地重新记起。

# 宁静的心态

## 对孩子和父母有同等益处。

可是孩子并没能幸免于现代生活的压力。研究显示，尽管发达国家的财富增长了，现代生活也带来了明显的好处，但孩子们比以往更加容易觉得孤独、压力大、愤懑。科学显示，孩子用来对付压力的途径和他们父母所用的一致：与大自然相处，保证好的睡眠，进行创意性活动，与家人朋友融洽相处。宁静的心态对孩子和父母有同等益处。

在美国以及其他地区，学校所开设的正念课程正呈现出显著成效。类似于戈尔迪·霍恩（Goldie Hawn）设立的霍恩基金组织在将正念项目引进课堂方面取得了重大进步。她的 MindUp 项目主要教授职员和学生正念的技巧。研究发现，这个项目让孩子变得更加积极、更具同理心，而且减轻了他们的压力感。不仅如此，孩子们的反应速度变快了，并提升了组织技巧。安东尼·赛尔顿博士（Anthony Seldon）是位于英国南部伯克郡的惠灵顿大学的校长，他以爱

比克泰德（Epictetus）的论断"让人类烦忧的并非事物，而是对事物的看法"为理论基础，开创了幸福课堂。他的课堂指导学生学会留心自己的思维模式，帮助他们增强自我恢复和理解别人的能力。

所有的成年人

都能从小孩子的态度中

获得领悟。

不论你是否有孩子，都能从孩子的好奇心和专注力中学到很多。孩子能让大人记起怎么"玩儿"，并在潜移默化中，重燃我们的惊奇之心，让我们找回创造的乐趣。

正念训练还被发现能够帮助大人和孩子改善育儿经历，所以你的静心习惯对家庭也会间接产生益处。如果你能在与孩子相处时，更加专注、更加投入、更加包容，你们的亲子关系会更加融洽，而且他们独特的热情和趣味感会传染给你，产生互惠益处。

WHAT I LIKE DOING BEST IS

Nothing.

HOW DO YOU DO NOTHING?

asked Pooh after he had wondered for a long time.

WELL...

IT'S WHEN PEOPLE CALL OUT AT YOU just as you're going off to do it, WHAT ARE YOU GOING TO DO, Christopher Robin?

AND YOU SAY...

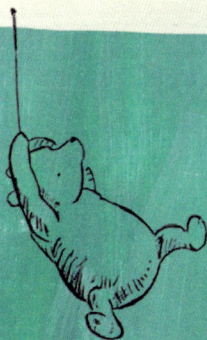

# 做一个情绪瓶

一

不妨试试下面这个简单的实验，来帮你的孩子理解为什么心绪宁静对他们有益。

找一个带盖子的空瓶子，把标签撕下来。装上热水，放两茶匙闪光粉。用力摇一摇，再加几滴食用色素。把盖子盖上、拧牢，晃动瓶子。瓶中的亮片象征着孩子活跃的大脑，各种念头、情绪、忧虑、恐慌不断游走，使他们被情绪所吞噬。向他们解释，这就是他们不开心或者生气时的样子。让他们自己晃这个瓶子，注视亮片逐渐落到瓶底。告诉他们这就是让自己平静下来，深呼吸，等一等，不要头脑发热，冲动行事。对于有些孩子，当他们伤心或者愤怒时，摇晃情绪瓶能帮助他们平复情感，让他们停下可能会出现的消极反应。

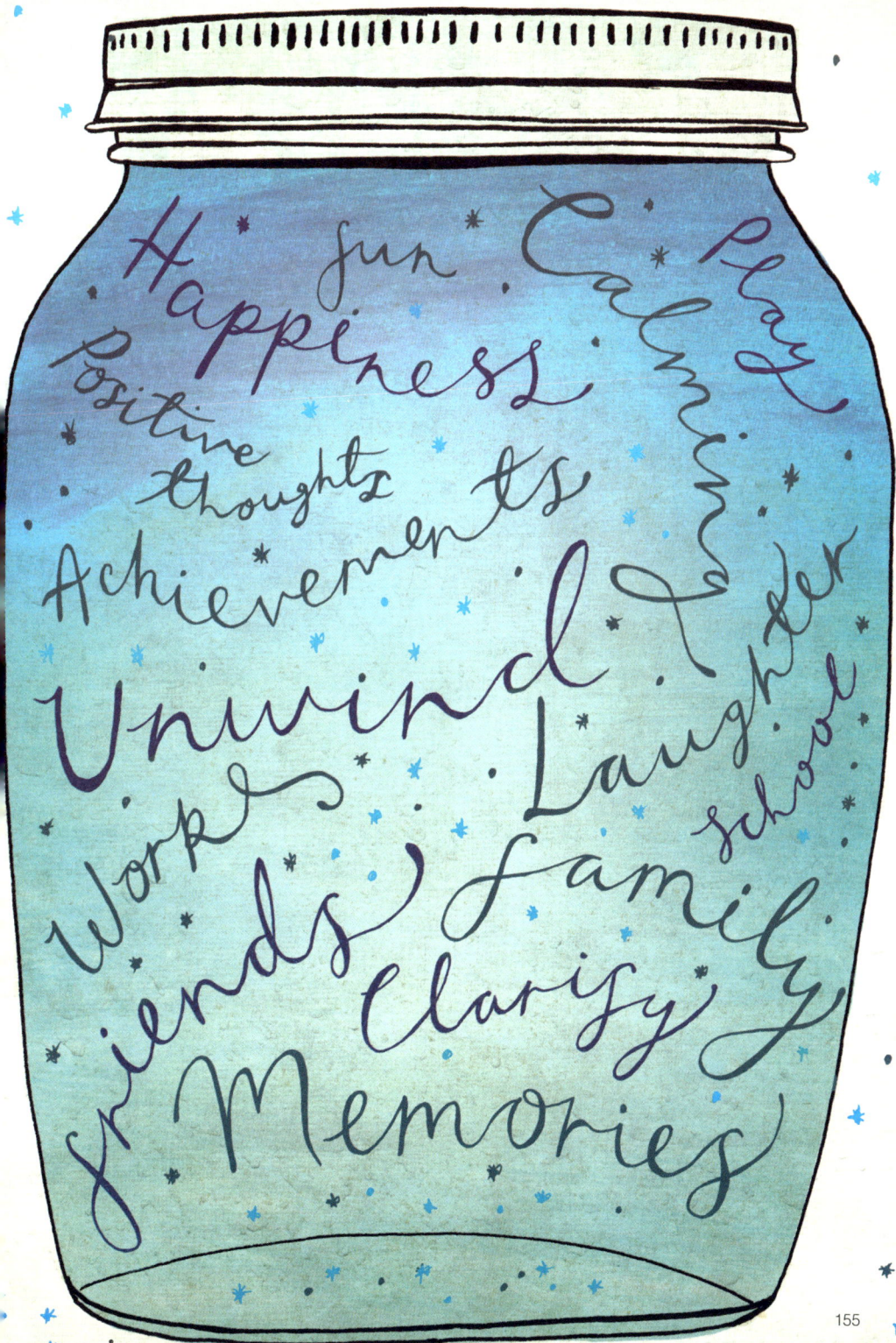

# Three things happy

## 三件让你开心的事情

每晚，在孩子入睡前，让他们分享当天发生的三件开心事和三件让他们觉得自己很棒的事情。这对强化他们健康的自我形象和积极的心理有很大帮助，而且还能保证他们在入睡时，想的是幸福的事情。另外，还有一点好处就是，你能听到一些他们白天做的事情，以及他们真正喜欢而经常出乎你意料的事情。也跟他们分享你列下的事情，这样他们也能听你讲讲你的一天。

# that made you

1

2

3

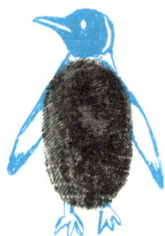

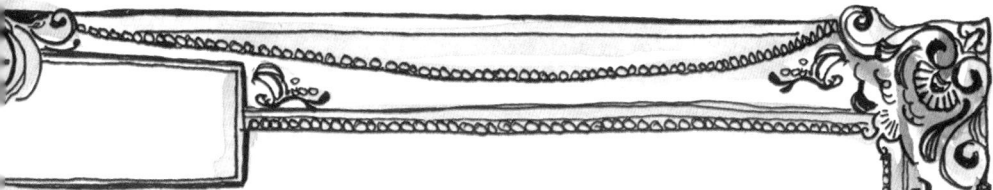

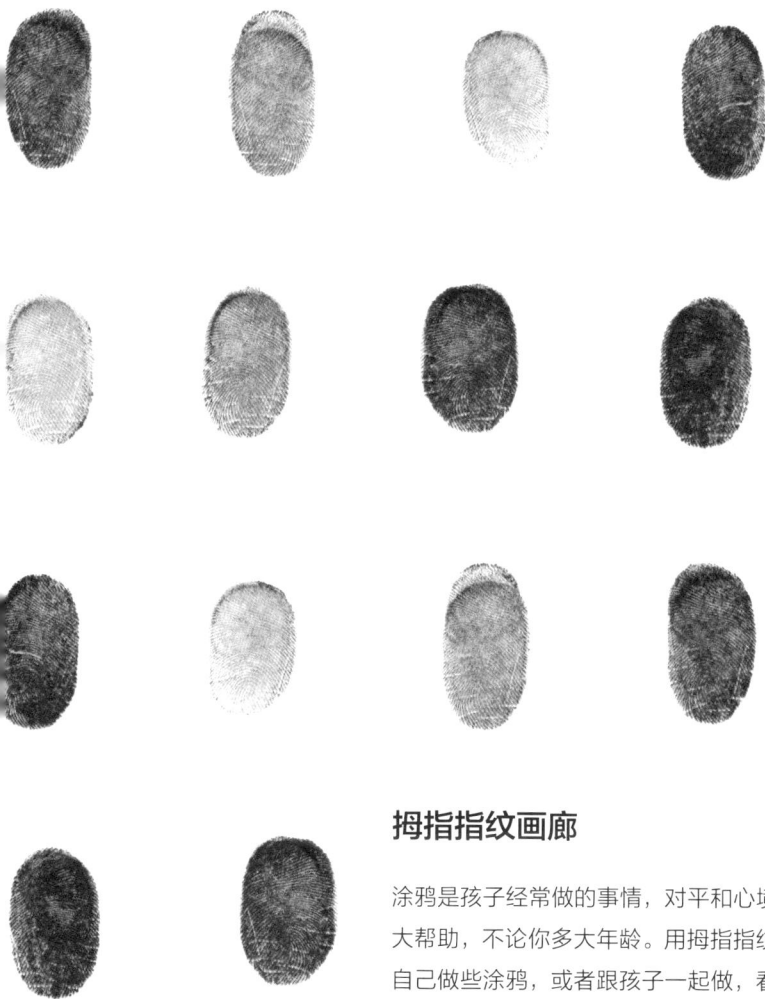

## 拇指指纹画廊

涂鸦是孩子经常做的事情，对平和心境有很大帮助，不论你多大年龄。用拇指指纹画廊自己做些涂鸦，或者跟孩子一起做，看看你们能创造出多少个形象。

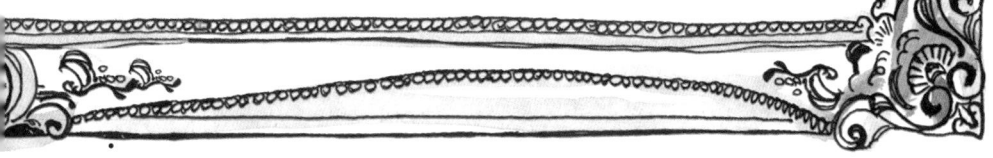

# Remember

还记得你孩童时代充满懵懂和好奇地关注生活的情景吗？生活对你而言充满惊奇和不可思议，不论是凝结在草尖的霜花、振翅而飞的蝴蝶，还是地面上形状各异的叶片和石块。

你在牙齿脱落时满怀兴奋，因为那意味着传说中的牙仙会在那一晚翩然而至。你掰着手指一天天地算着离神奇的圣诞节还有几天，就算你不明白圣诞老人是如何在一个晚上去到世界上每个孩子那里的，但他还是做到了，且从未让你失望。

驯鹿会飞，花园里有精灵，宠物就像我们人类，玩具也有脾气，梦想会成真，你能触到悬挂在天上的星星。你心中满是喜悦，想象力自由驰骋，生活在你眼中充满了魔力。

童年时我们都会有一种奇妙的感觉，任何事物都很美好，每天都会遇到惊喜和冒险，我们总是能够从生活的魔力中获取乐趣。可是，当我们长大成人，我们承受的责任、面对的问题、遭遇的种种艰难改变了我们，我们的幻想破灭，儿时深信的魔力也逐渐消失不见。这就是为什么我们喜欢和孩子待在一起，那样我们就能重温儿时的感觉，哪怕只有短短一瞬。

——《魔力》，朗达·拜恩（Rhonda Byrne）著

'Those who don't believe in **magic** will never find it...'

那些不相信魔力的人
将永远无法找到它。

罗尔德·达尔

# Roald Dahl

# DATE

# WHAT MADE YOU FEEL CALM TODAY?

# WHAT ARE YOU GRATEFUL FOR?

# WHAT WERE THREE HIGHLIGHTS OF TODAY?

创造力

CREATIVITY

直至最近，

创新的概念

一直裹着一层神秘的色彩。

直至最近，创新的概念一直裹着一层神秘的色彩。人们以为"创新才能"是与生俱来的，只有少数有天赋的幸运儿才具备。这种意义上的创新跟我们其他人体验的创新冲动感觉很不一样——这跟你或我从一个实际问题想出新颖的解决办法、发明一道新的菜谱，或者偷偷素描火车上的一个陌生人中得到的满足感不同。

近年来，对神经科学的理解不断进步，心理学和儿童发展都告诉我们，创新力是人的根本属性——创新是我们都具备并需要使用的东西。而且，创新远非一种基因"天赋"，而是一种可以开发、加强和训练的能力。

释放你内在的创造力是宁静哲学的一个关键部分。通过宁静对待生活，你能够放飞自己与生俱来的想象力。你越是培养自己这方面的能力，越是能够反过来加强你的深层宁静感。

心理学家盖伊·克拉克斯顿（Guy Claxton）认为，放缓思维是释放创造力的关键要素之一。在他的《兔子头脑，乌龟心理》（*Hare Brain, Tortoise Mind*）一书中，他指出，我们现在变得对快速思维、迅速决定过分执着，可是事实上，最好的创意通常需要时间和空间才会浮现。他认为，混乱和含混非但不是工作效率的敌人，事实上反倒能滋生创新思维和引导你产生新点子。如果不允许他所指的"潜思维"放缓下来，许多好点子根本无法在我们脑中扎根。

这也解释了为什么冥想对创新思维那么有助益。有很多名人倡导冥想，比如大卫·林奇（David Lynch）、奥普拉·温弗瑞（Oprah Winfrey）、艾玛·沃特森（Emma Watson）、保罗·麦卡特尼（Paul McCartney）。冥想的效果立竿见影，荷兰的研究者发现志愿者在持续冥想 25 分钟后，对所给的问题能够想出更多解决方案。

有趣的是，尽管在工作中，头脑风暴的想法很受欢迎，但研究显示"无声头脑风暴"，就是员工私下想出点子，然后写在纸张上交上去，比每个人开口分享自己的想法能产生更多有用的创新性解决方案。这是因为在安静沉思的环境中，更容易专注于创新思维。而且，在团体会议上，外向的员工很可能会占用那些较安静组员分享卓见的机会。相反，安静沉思创造了一个想象力可以得到充分发挥的环境。毕加索他本人曾说过："没有孤独，不可能产生严肃的作品。"

毕加索他本人曾说过：

"没有孤独，

不可能产生严肃的作品。"

另外一个让你的创新力得到充分发挥的重要方式是，尝试新事物，迫使自己使用想象力。很多创新性活动本身就具有冥想的性质，比如画一幅静物画、弹钢琴。最近的一次 TED 演讲中，创意设计公司 IDEO 的首席执行官蒂姆·布朗（Tim Brown）称这种活动为"用你的双手去思考"。他还举了美国传奇家具设计师查尔斯（Charles Eames）和蕾·伊默斯（Ray Eames）的例子，来说明无目的创新实验的潜在益处。这对夫妇在设计椅子之前，就曾经尝试使用胶合板为受伤的士兵制作夹板。

### 这个故事告诉我们，

### 不要让你的思维成为限制。

让自己运用创造力不断尝试，看看会产生什么效果。在你释放内在的创新激情后，你会为各种问题想出新的解决办法，这样你还可能收获一个看起来不可思议却带给你乐趣和宁静感的业余爱好。

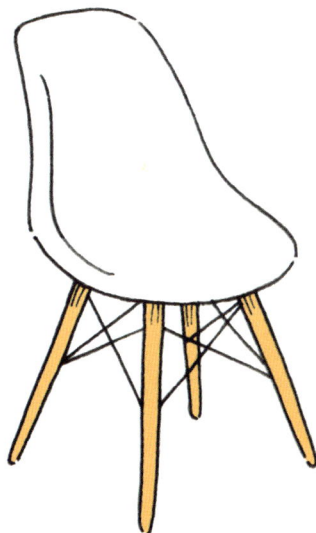

THE MIND PLACE, AND CAN MAKE OF HELL, OF HEAVEN.

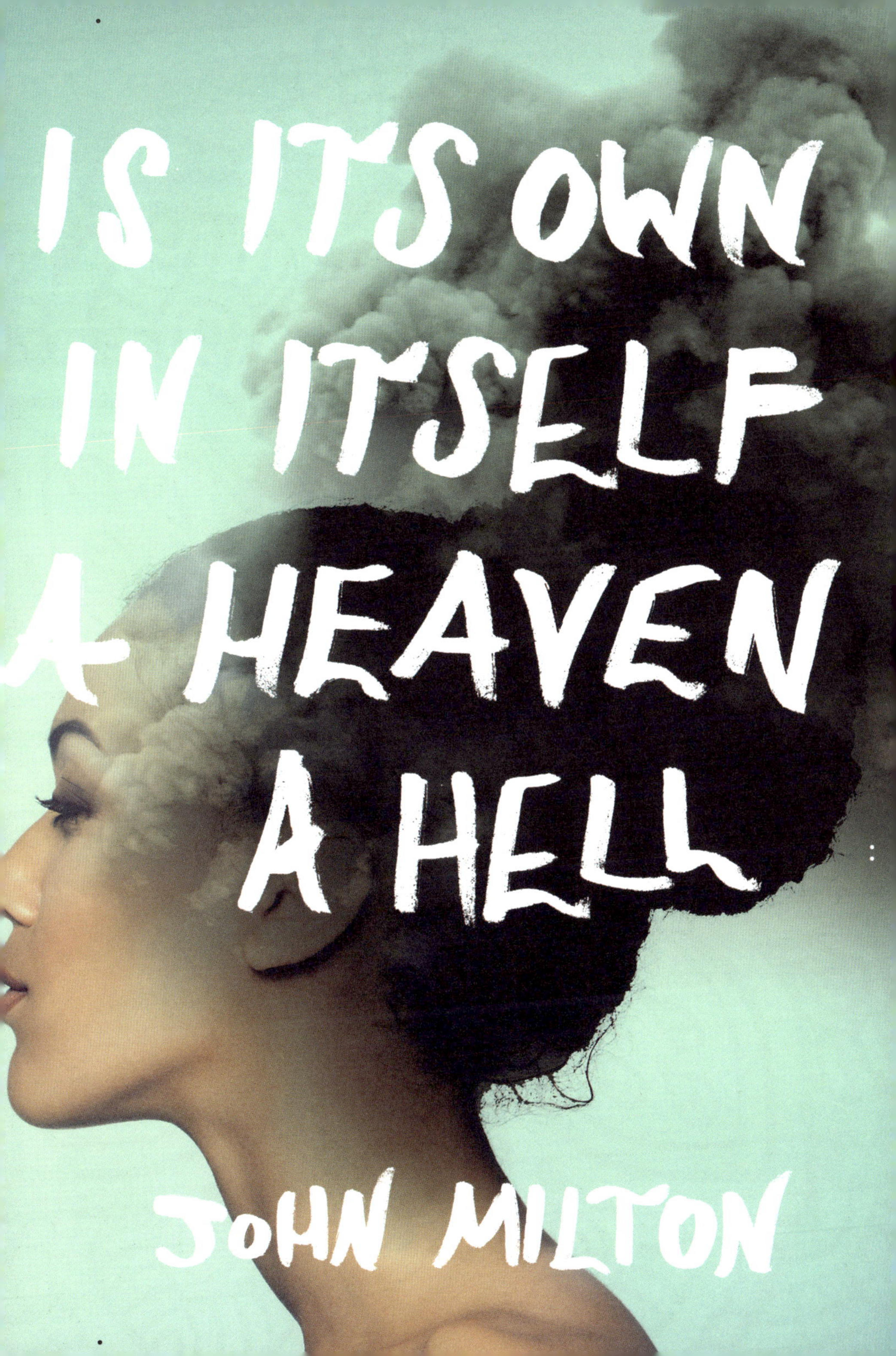
IS ITS OWN
IN ITSELF
A HEAVEN
A HELL
JOHN MILTON

# COLOUR ME IN

## 涂色

填颜色曾经是孩子才会玩的游戏，近些年却变得精细复杂起来。随便逛逛伦敦泰特现代美术馆或者巴黎蓬皮杜中心的礼品店，你会发现一系列图案复杂的涂色书正在面向成年人出售，专门设计来让成人连续几个小时专注于一项安静的活动。中国西藏的佛教传统中，曼陀罗是对宇宙的视觉表达，被认为能在冥想时帮助专注并加强平衡感。曼陀罗的设计、颜色和风格都有所不同，有时是通过将桌子上的模板填上彩色沙子制成的，也可能被画在画卷上。你可以为这个曼陀罗填上颜色。

## 创意冥想

舒服地坐下，后背伸直，留意你的呼吸。注意吸气时鼻孔里充满凉空气，呼气时鼻孔暖暖的。放慢呼吸，放松身体，想象身体上方有一处金色的光，感觉它逐渐变小，一点点充斥着你体内的每个细胞，从头顶到脚趾尖。这种治愈性能量能给你带来一种宁静感。

当金光穿过你整个身体时，感受你的体重逐渐减轻。想象自己脱离地面，正向天空飘去。想象自己处于失重状态，正在云朵间飘浮。

以空中的视角，留意你有多么宁静。然后注视下方的地球。花点时间想想你特别想做的事情，比如新的职业想法，或你想创作的东西。然后伸展你的胳膊，将一缕光丢到地面上。当那缕光到达地球时，它意味着你播下了意愿的种子。

当你缓慢飘回地面时，留意你的身体正逐渐变重。让注意力回到你的呼吸上，然后睁开眼睛。

You can't Use Up creativity. The more you Use, the more you have,

你是不会用光创意的。你用的创意越多，
拥有的创意也越多。

玛雅·安吉卢

Maya Angelou

175

# The POWER of Type

## 字体的力量

书法是需要专注和精确性的艺术。这个词语本身就能让人脑海中浮现中国古代先哲的形象，还能让你想到博物馆的画轴，以及古旧的毛笔。但令人惊奇的是，书法在当今仍有一大批倡导者，比如乔布斯。他认为他所上的书法课对打开他的创新思维至关重要。也有一些文化认为，字如其人，从字体中能看出一个人的脾性和心境。

在这里留下你的字体

# 开发你的
# 创新技能

—

学习一项新的创新性技能，无论是做罐子的技能，还是跳舞或刺绣的技巧，都会带来强大的宁神效果，还会帮助你提升专注技能。这些活动是注意力涣散的解药，创造性的自我表达也能带来极强的净化效果。难怪"艺术诊疗"在治疗忧郁症、焦虑症和多动症方面使用如此广泛。当你专注到忘我时，你的心会平静下来，随之感到更加轻松，从而回归宁静。

# Developing your Creative Skills

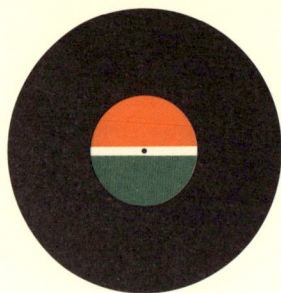

爵士

灵魂

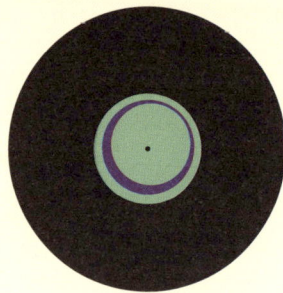

蓝调

古典

说唱

舞曲

独立音乐

世界音乐

流行

摇滚

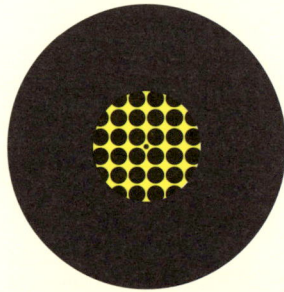

60 年代

雷鬼

在觉得劳累过度、焦虑或沮丧时，听听最喜欢的唱片，能使你平静下来。

将指尖放在你喜欢的一张唱片上，然后把它拉进空唱片槽中，就像书页是触摸屏一般。手指轻轻地放在书页上，闭上眼睛，想象音乐正以完美的环绕声播放。

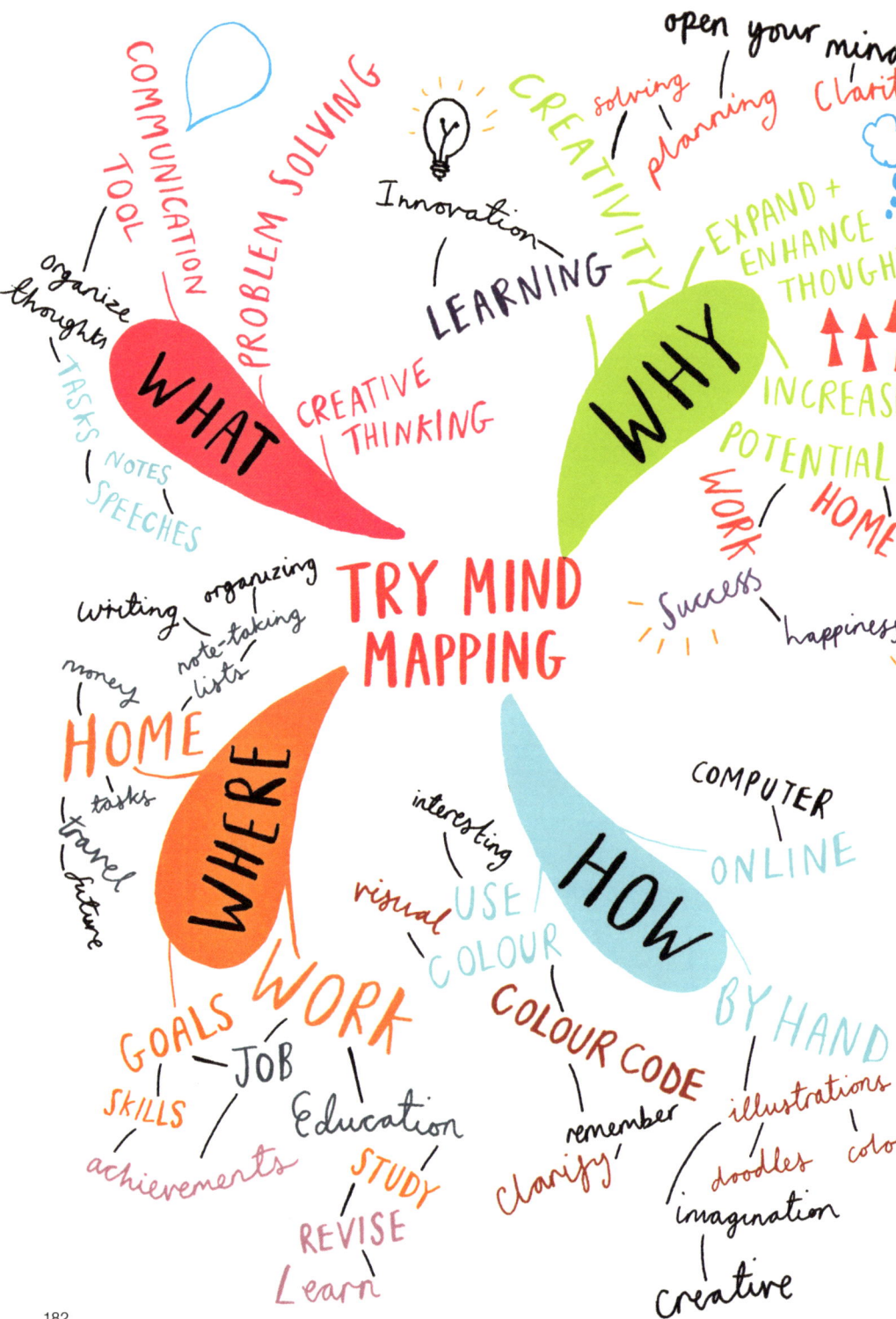

TRY MIND MAPPING

**WHAT**
- organize thoughts
- TASKS
- NOTES
- SPEECHES
- COMMUNICATION TOOL
- PROBLEM SOLVING
- CREATIVE THINKING
- Innovation
- LEARNING
- CREATIVITY
- solving
- planning
- open your mind
- Clarity

**WHY**
- EXPAND + ENHANCE THOUGHT
- INCREASE
- POTENTIAL
- WORK
- HOME
- Success
- happiness

**WHERE**
- writing
- organizing
- note-taking
- lists
- money
- HOME
- tasks
- travel
- future
- GOALS
- WORK
- JOB
- SKILLS
- achievements
- Education
- STUDY
- REVISE
- Learn

**HOW**
- interesting
- visual
- USE COLOUR
- COMPUTER
- ONLINE
- BY HAND
- COLOUR CODE
- remember
- clarify
- illustrations
- doodles
- colo
- imagination
- creative

# 绘制
# 思维导图

一

思维导图是一种可视性的头脑风暴技巧，让你围绕一个中心点记下想法，从而帮助你探讨一个问题或想法。这个技巧比线性表对开发创新思维更有成效，用这种方式记笔记也更有效。如果你把文字和图片结合起来使用，那么你记住所写内容的可能性高达普通书写文本的 6 倍。把你的思维导图当作一面网，处在中心位置的是主要的想法、问题或困难。然后，一缕缕从中心向外发散，忖度你的想法的各个方面。用不同颜色的笔，随意画些简单图案，好帮助你记住这些想法。

# Tell a story

讲个故事

你上次写故事是什么时候？让你的想象力疯狂运转起来吧。你可以使用下面几句话作为开头：

*Once upon a time, deep in a wood, an old man lived all on his own, until one day...*

从前，在深山老林里，住着一位老人，有一天……

*The track in front of him was overgrown and uneven...*

他面前的小径杂草丛生……

*The sound of laughter from the party in the distance struck her as strange from the road...*

走在路上，她听到远处派对飘来一阵笑声，觉得不对劲……

# WORD GAMES

## 文字游戏

创意总是源于两个看似不相关的想法的结合。玩文字游戏能以各种奇怪而精彩的方式激发你的想象力。试试随便从本页选取两个单词，组成一个新词。好好想想你创造出的新词。它是什么意思？它可以用作一个新企业或新产品的名字吗？它还可以是一首歌的副歌部分，或者当作你新恋人的绰号。试一试，谁知道你会想出什么呢。

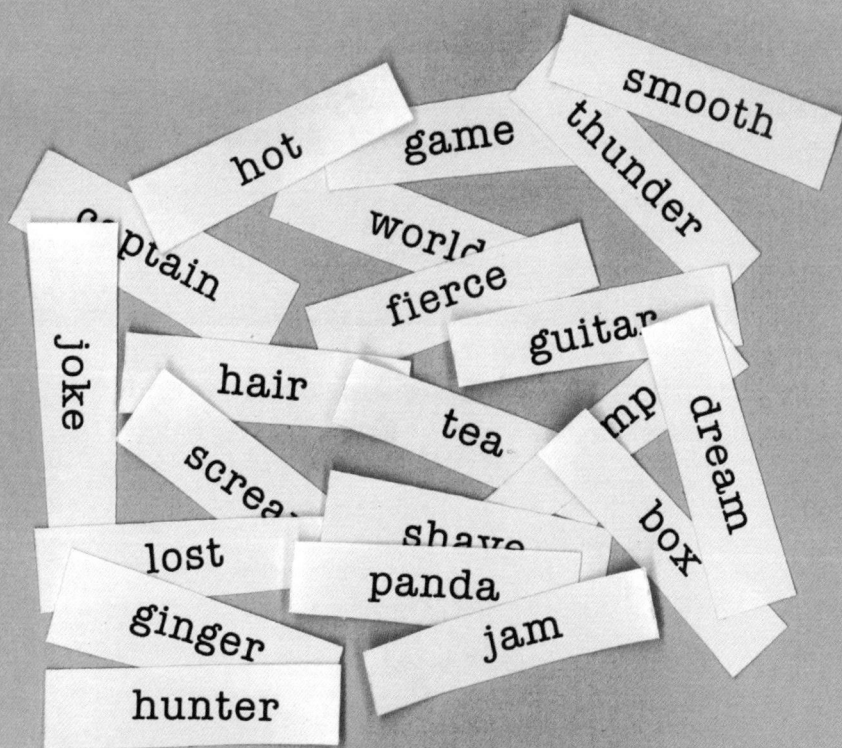

hot game smooth thunder

captain world fierce guitar

joke hair tea mp dream

scream box

lost shave panda jam

ginger hunter

mind

dream

magic

hat

lucky

sausage

ghost

zebra

happy

penguin

用手指沿着路找到迷宫出口，抵达平和之境……

开始

结束

# DATE

# WHAT MADE YOU FEEL CALM TODAY?

# WHAT ARE YOU GRATEFUL FOR?

# WHAT WERE THREE HIGHLIGHTS OF TODAY?

FOOD

食物

## 你的午餐

### 是在办公桌前解决的吗?

你在办公桌前吃午餐吗?你会不会随便抓起一杯咖啡、一只羊角面包就吃?或者如果没人陪你吃晚餐,你会不会发现自己随便站在哪里端着一盘重复加热的食物吃?三餐应该是在忙碌的工作日休息片刻的绝妙机会,给我们完美的理由去享受间歇的滋养。但很多人把就餐看作一件必须做的麻烦事。我们对食物的态度已经从一日三餐变成毫无规律、拿上就走。

狼吞虎咽对我们有多种不利。吃得太快时,做不到充分咀嚼,我们的胃就来不及产生正常消化所需的酶素。这样,我们不仅容易消化不良,还可能比专心吃饭时吃下更多食物。与此同时,我们也丧失了很多乐趣。

广义而言,不理会我们身体的基本需求也是一般意义上身心失调的症状。人类有史以来,各种文化都很重视饮食质量以及就餐的仪式。烹饪和饮食是无数文化的核心。法国人对食物充满敬畏,他们坚持一日三餐,而且据 2010 年的一项研究显示，法国人每天坐下就餐花费的时间平均为 2 小时 22 分钟。意大利人认为食物象征着家庭。无论是在斯堪的纳维亚半岛，还是在撒哈拉沙漠，盛宴在每个地方都是庆典上最明显的标志，不管是节庆、生日、婚礼，还是周末聚会。调查显示，经常一起坐下就餐的家庭比那些独自就餐的家庭幸福感更强，而且超重的可能性更低。确实，饮食习惯更倾向于与他人隔离的文化环境，比如美国和英国，肥胖症水平最高。

## 坐下一起吃饭的家庭，

## 超重的可能性更低。

尽管坐下吃饭有以上种种益处，但对于工作午餐的主流看法还停留在 20 世纪 80 年代。我们都吸收了一点戈登·盖柯（Gordon Gekko）"懦弱无能的人才吃午餐"这句话的精神。和同事或朋友面对面坐着边聊天边悠闲地吃顿午餐，这种想法已经逐渐被视为懒散。就算你真的走出了办公室，很有可能你还随身带着手机。

根据美国最近的一份报告显示，有超过 1/3 的职员经常在办公桌前吃午餐。知道你的同事还在电脑前坐着，尽管你很想走去远一点的餐厅，顺便散散步，却不会这样做——虽然你知道这样做对保证你下午的工作效率有益。

当然，这是一种虚假的节约。停下来对付饥饿，其实是在回应身体发出的信号——你已经身心俱疲了。饥饿时，你的血糖会跌至最低水平，这时你很可能会觉得烦躁和无力。不管你是还在工作或者仍在玩乐，这两种感觉都不会有任何帮助。

从头开始，

找回烹饪的纯粹魅力。

从头开始，找回烹饪的纯粹魅力。按照自己的口味富有创意地搭配各种味道，加点这个，添点那个，搅拌、慢炖、调味……这些过程有宁神之效，对精神有益。烹饪，特别是需要揉捏、装饰的烘焙，是一种感官体验，这也意味着烹饪能带来和其他需要专注的创意性活动一样的益处。而且，美味食品散发的香气能让你变得更加和善。法国的一项研究发现，人们在闻到新鲜出炉的面包香味时，会自发地帮助路人。

这种联系看似不可思议，但一般认为是因为面包的气味和烘焙时散发出的香草气味能勾起人们儿时去面包店的幸福回忆。烹饪带有一种迷人的怀旧色彩，能让你重新发现健康美味的食物所带来的愉悦，能让你感到音乐剧《雾都孤儿》中主人公所说的那种"充实的感觉"——满足、幸福、宁静。

Good
-IS-
THE
FOUN
OF ♥ ge
OF
HAPP
AUGUST

*food*

DATION

*nine*

NESS.'

SCOFFIER

The Tea

# Ritual

## 茶的仪式

下午 6 点钟越来越近了。我能感受到它在慢慢靠近。不像小孩子盼望圣诞的感觉那么强烈，但也是满怀期待。我总在 6 点整喝茶，是一种享受，也算是一种庆祝，对每况愈下的处境不带一丝失望。这个时候，你会意识到平和幸福的能力就在你的手中。连把新鲜的水倒进我那美丽宽广的镍质半升水壶里，都能让我感到愉悦。我耐心等待水烧开，倾听水壶发出的呼啸声和水沸时的美妙声音。

我有一只又深又大的圆形马克杯，砖红色，维基伍德陶瓷。中央咖啡馆的茶叶泡开时，散发出一种乡村草地的气味。

这种茶呈金黄色，是新鲜干草的颜色，还带着浅浅的棕色，十分柔和，绝不会变得过深。我用心慢慢品味，茶水下肚时，刺激我的神经系统。然后，生活中的一切似乎都没那么沉重和难以承受了。

每天下午 6 点的那杯茶，总是能为我带来同样的效果。我每天都像前一天那样盼望着这一刻，在喝茶时，充满爱意地将它纳为自己存在的一部分。

摘自《普拉特公园的日落》

彼得·艾腾贝格（Peter Altenberg）著

# 用心品味一整块巧克力

—

先慢慢撕开巧克力的包装。留意发出的所有声音，比如锡纸破裂的声音、掰断一小块时发出的声音。

查看巧克力的颜色，然后拿起、放到鼻前，留意胳膊的移动，深吸一口，感受巧克力的芳香。

将巧克力放在拇指和食指间。感觉怎么样？留意它的温度。摸起来是不是软软的或滑滑的？

留意你是不是很想吃这块巧克力，是不是很难抵抗将它放入口中的诱惑？

现在闭上眼，将巧克力送入口中，轻轻地放在舌头上。给它时间让它在你的嘴里慢慢融化。你能描绘它的味道吗？

用舌头轻轻地将巧克力送至口中的每个部位，最后放在齿间，开始吃。用心感受巧克力的味道在你的口中迅速扩散开来。慢慢用心去嚼。

留意用心吃东西是如何加强你对食物的感官感受的。这种专注于食物味道的方式能唤醒你的感官。

享受巧克力的美味，从来不嫌迟。

# Calming FOODS

## 值得细细品味的宁神食物

**鸡汁面：**一碗热腾腾的鸡汤蕴含强大的力量。它能让你回忆起儿时放学后的时光，那时的你穿着睡衣，蜷坐在沙发上，抽着鼻子，享受着父母的娇惯和他们悉心的照顾。鸡汁面味道简单，但清香美味，一点都不油腻，会给你带来一种暖暖的、备受安慰的感觉。选择你喜欢的食物，用经典配方作为基础味道，加生姜、辣椒和豆腐，做成亚洲风味，或者加切碎的番茄、帕尔玛干酪切片和少量的奶油，做成地中海风味。

# TO SAVOUR

**传统水果蛋糕：**比如丹迪杏仁水果蛋糕。事实上，任何一种蛋糕都可以。

**米布丁：**对它，你要么深爱，要么痛恨。如果你属于前者，便能体会到一碗热热的撒上肉桂或肉豆蔻的米布丁所带来的暖心安慰。

**涂有自制果酱或橘子酱的烤面包：**果酱做起来既简单又富有充实感，而且美味至极。为什么不用罗甘莓或桑葚做上一瓶，或者制造自己的玫瑰花瓣果冻呢？这种果酱在商店可买不到，知道这点，你会感到更加愉悦。

**很棒的面包：**如果是你自己烘焙出来的，就更好了（苏打面包超级容易做）。

**番茄肉酱：**你煮得越久，味道会越浓厚丰富。不要忘了放月桂叶、红酒和优质肉品。

## NOW ADD some OF YOUR favourites

现在添上一些你喜爱的食物吧

# The act of
# SETTING
# a
# TABLE

## 布置餐桌

摆餐桌绝非一件麻烦事，而是一种幸福的期待，一餐美食愉悦的前奏。选择恰当的刀叉，折叠厚实的亚麻餐巾，或者沉浸于纸餐巾所体现的折纸艺术，都体现了对做一餐饭所付出辛劳的尊重。确保餐桌美观，用一小束亲自摘的鲜花作装饰，或者用闪烁的烛光来点缀，都会让一餐饭成为一种特殊的场合。这样你的客人会感受到你的在意，而且也为谈话、情感联结和享受创造了环境。

"True COMFORT FOOD

IS IN THE MAKING, SO DON'
RUSH IT TAKE THE TIM
TO ENJOY THE
*RITUAL OF*

COOKING. CHOOSE A RECIPE THAT'

DEAR ~to your~ HEART
PUT YOUR *favourite tunes* ON

ZONE OUT, *Enjoy* THE MOMENT
AND MAKE SOMETHING
YOU'RE

*Jamie*

REALLY **PROUD** OF

AND OF COURSE DON'T FORGET
THE SECRET INGREDIENT—

**L♥VE**

SHARE THAT FOOD WITH YOUR

NEAREST & DEAREST

AND TAKE A MOMENT TO

*Reflect*

AND

*Remember,*

*Oliver*

# 吃得好，活得好

一

如果你一直想瘦几斤，但总是瘦不下来，也许你需要重新思考自己的饮食方式。研究发现，催眠可以通过训练人们学会用心进食，让他们重新认识自己的饱腹感信号，从而产生卓著的减重效果。练习饮食冥想，例如第 204 页的巧克力冥想，能够帮助你强化对所进之食的意识。

研究表明，大脑觉察到饱腹感，要比实际晚 20 分钟。所以，如果你吃得过快，或者在进食的同时，专注于其他事情，比如电视或你的工作，你更有可能吃得过饱。不仅如此，如果你的注意力不在进食上，就像在"战或逃"反应机制当中选择"逃"一样，你的消化系统就会以为正处于暂停的状态。这种情况下，你对食物的消化就远不及专心饮食时的效果。

## DATE

## WHAT MADE YOU FEEL CALM TODAY?

## WHAT ARE YOU GRATEFUL FOR?

# WHAT WERE THREE HIGHLIGHTS OF TODAY?

## 最后一点

安静的诸多益处之一就是它能让你更积极地面对人生。

幸福多种多样，但对我们影响至深的却常常是生活中的小乐趣。下面是我最喜欢、能让我感到幸福的事物，在右页的空白处列下你的幸福清单，不要在意它们看起来有多么乱七八糟、奇形怪状，因为光是想想这些事都会让你嘴角上扬。

- 书店里舒适的椅子
- 蝴蝶
- 拧开罐子
- 一支新牙膏
- 一分钱一颗的糖果
- 宝丽来照片
- 一张干净的纸和一支削好的铅笔
- 西瓜
- 闪电后的空气
- 解开复杂的谜题
- 手写的感谢信
- 被阳光叫醒
- 站在瀑布后

- 在卧铺车厢里的铺位上睡着
- 鬼故事
- 星期天的纸质报纸
- 玉米棒子上的玉米粒有黄油在融化
- 耳罩
- 堆雪人
- 木质的过山车
- 孩子的睫毛
- 做爆米花
- 一只完美的熟番茄
- 一部很棒的老电影

我的幸福清单

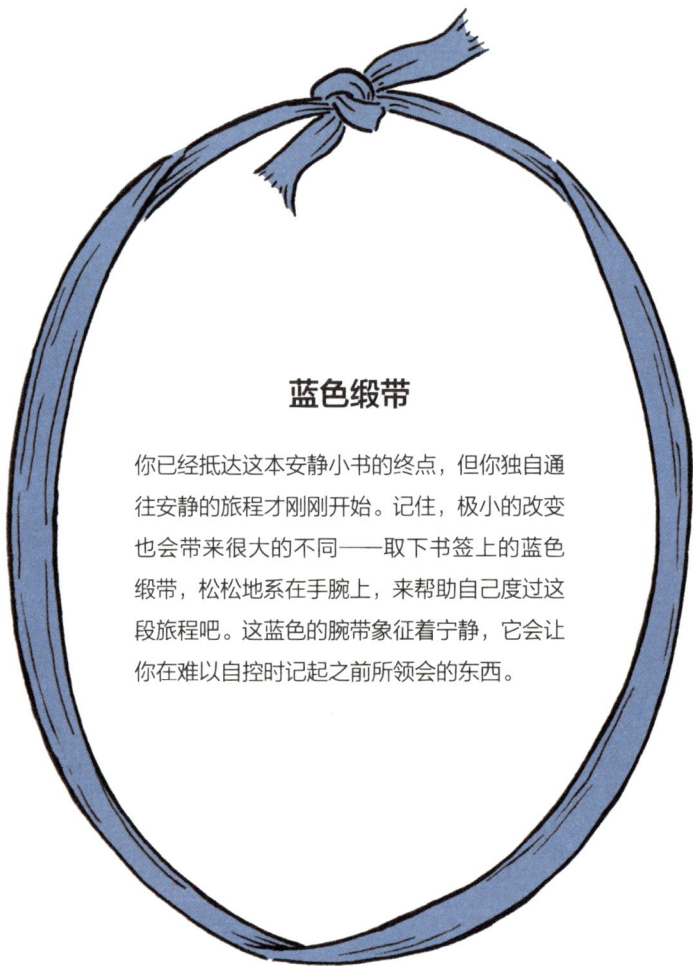

## 蓝色缎带

你已经抵达这本安静小书的终点，但你独自通往安静的旅程才刚刚开始。记住，极小的改变也会带来很大的不同——取下书签上的蓝色缎带，松松地系在手腕上，来帮助自己度过这段旅程吧。这蓝色的腕带象征着宁静，它会让你在难以自控时记起之前所领会的东西。

THE COMMON
READER

VIRGINIA
WOOLF

# 折纸

—

如果你留心观察这个世界，你会注意到很多别人错过的精彩。

这本书有个隐藏的特色：书中每张纸的边缘都有一些黑点，这些小黑点的不同分布构成了一个密码。从第一页开始，将每页的纸角沿着黑点向书脊的中间折叠起来。这些黑点的位置在每页纸上都有些许变化，一定要完全按照这些位置来折叠。用心慢慢地折好每一页，折叠的全过程，专注于眼前这个简单的任务，感受大脑变得清晰，心境变得平和。

等你折好所有书页，你的书会变成一种截然不同的东西：一件独特的雕刻品，一件美丽的宁静之旅纪念品。

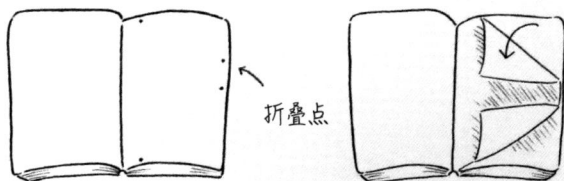

折叠点

> 我没有别的话说，只有感谢，感谢，又感谢。
>
> ——莎士比亚《第十二夜》

这本书的形成有赖于许多人的慷慨相助，我想对他们中的每个人表达诚挚的谢意：Kathryn Parsons, Malcolm Scovil, Shed Simove, Alex Will, Neil Porter, Enes Alili, Steve Henry, Gurminder Panesar, Matt Shone, Ben Dowling, Kate Pruitt, Samo Kraji, Paul Laughrige, Malcolm Tew, Christine Tew, Mike Tew, Will Tew, Nick Sullivan, Colette Smith, Charles Smith, Anna Acton, Ben Hull, Marie Parsons, James Parsons。我还要感谢企鹅出版社的朋友们：Venetia Butterfield、John Hamilton、设计部成员（Sarah, Alison, Jess, Richard, Chris, Gill 和 Alice）以及 Caroline Pretty 和 Hermione Thompson。我要特别感谢 Tamara Levitt，她为我提供了本书中所有精彩的冥想练习。我和阿列克斯还想感谢所有支持 CALM 手机软件和购买此书的朋友。欢迎你们加入我们的旅程，请行动起来。我们很想听到您的想法和反馈，所以欢迎您加入我们的网络社群（@calmdotcom）或者通过推特联系我（@acton）和阿列克斯（@tewy）。

生活是由置身其中的人所塑造的。有许许多多的人从大大小小的方面影响着你的世界。然而，我们很少有时间停下来，感谢他们所做的一切。

你可以在下方的空白处，向帮助过你的人表达谢意。不妨给他们写封简短的感谢信。

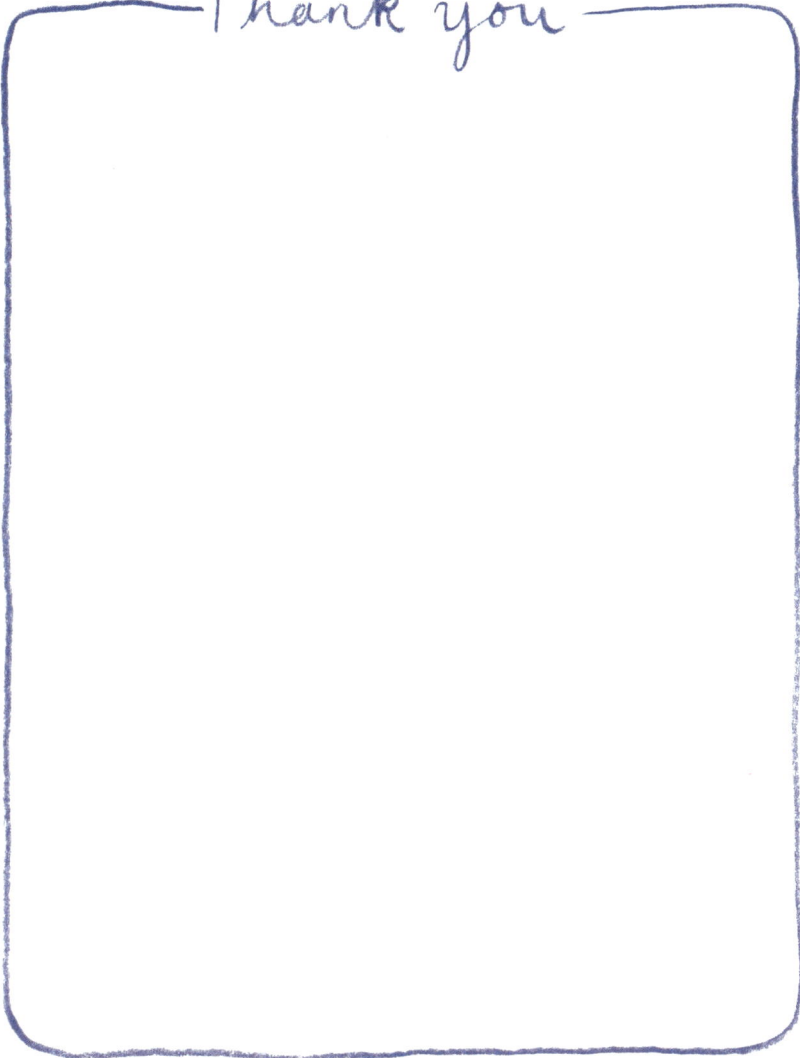

Thank you

## 附录

P24

"每个人都应该时常接受大自然的洗礼。"——乔治·哈里森

P82

平静的大海从不会造就出色的水手。

P98

"微笑，呼吸，慢慢来。"—— 佛教真言

P128

"你不能阻挡海浪，但你可以学会冲浪。"——乔恩·卡巴金

P152

我最爱做的事就是无所事事。

怎样才能无所事事呢？

在被这个问题困扰很久后，维尼小熊问道。

呃……

就是别人在你出门的时候，问：你要去做什么，克里斯多夫·罗宾？

你答道……

哦，没什么。

然后又去做的事情。

就是随便走走，聆听耳朵无法听到的声音，无忧无虑的。

哦！维尼回应。

——艾伦·亚历山大·米尔恩《小熊维尼》

P170

"心自有其所在。它本身就能把天堂变成地狱，地狱变成天堂。"——约翰·弥尔顿

P198

"好的食物才是幸福的基础。"——奥古斯特·埃斯科菲耶

P208

"真正为你带来安慰的食物在于它的制作过程，所以别着急，慢慢来，享受烹饪这种仪式。选择对你来说十分重要的食谱，播放你最爱的音乐，放空自己，享受那一刻，做出真正让你感到骄傲的东西。当然别忘了添加那个神秘原料——爱。和你最近最爱的人一起分享这些食物，花些时间来思考和记忆。"——杰米·奥利弗